根据教育部《中小学书法教育指导纲要》和《义务教育语文课程标准》编写

规范书写知识与能力
组合规律

郭玉梅 主编

民主与建设出版社
·北京·

© 民主与建设出版社，2023

图书在版编目（CIP）数据

规范书写知识与能力. 组合规律 / 郭玉梅主编. --

北京：民主与建设出版社，2023.9

ISBN 978-7-5139-4349-9

Ⅰ.①规… Ⅱ.①郭… Ⅲ.①书法课 – 中小学 – 教学

参考资料 Ⅳ.①G634.955.3

中国国家版本馆CIP数据核字（2023）第171938号

规范书写知识与能力 · 组合规律
GUIFAN SHUXIE ZHISHI YU NENGLI ZUHE GUILÜ

主 编	郭玉梅	
责任编辑	董 卉 唐 睿	
封面设计	张雪剑	
出版发行	民主与建设出版社有限责任公司	
电 话	（010）59417747 59419778	
社 址	北京市海淀区西三环中路10号望海楼E座7层	
邮 编	100142	
印 刷	廊坊市旭日源印务有限公司	
版 次	2023年9月第1版	
印 次	2024年2月第1次印刷	
开 本	710毫米×1000毫米 1/16	
印 张	9	
字 数	192千字	
书 号	ISBN 978-7-5139-4349-9	
定 价	168.00元	

注：如有印、装质量问题，请与出版社联系。

编委会

"规范书写知识与能力"丛书由
河北省教育科学研究"十三五"规划
"书法教育的学科规范与课程教学模式的创新研究"
课题组编撰

编委会主任
宗欢记

本辑主编 郭玉梅
副 主 编 贾　特

编委(按姓氏拼音为序)

范宝林　高智军　耿宗科　郭玉梅　贾　特　李　淮　李金海
李　伟　陶月华　王　增　王志虎　吴广生　许九奎　阎志峰
杨雅清　张淑敏　张文云　赵志同　宗欢记

顾问
于茂宏　陈联合

前　言

自党的十八大以来，以习近平同志为核心的党中央高度重视中华优秀传统文化的传承发展，始终从中华民族最深沉精神追求的深度看待优秀传统文化，从国家战略资源的高度继承优秀传统文化，从推动中华民族现代化进程的角度创新发展优秀传统文化。习近平总书记指出："博大精深的中华优秀传统文化是我们在世界文化激荡中站稳脚跟的根基。""讲清楚中华优秀传统文化是中华民族的突出优势，是我们最深厚的文化软实力。"

汉字和以汉字为载体的中国书法是中华民族的文化瑰宝，它与中国文化相表里，与中华民族精神成一体。中国的书法教育有悠久的历史。除了在民间流行的师徒相传的书法教育外，官办机构也有书法教育的内容。据《周礼·地官·保氏》记载，"六艺"的教育内容中就包括书法。后来，汉代的鸿都门学、唐代的弘文馆等，都是包括书法教育在内的文化机构。特别是在唐代，国子监中就设有书法教育的书学；在选拔人才时，还有"以书取士"的制度。

当下，书法教育成为国家文化发展和教育发展两大战略的交汇点，开展书法教育是贯彻党的二十大精神中发展素质教育、传承中华优秀传统文化、推进文化自信自强的重要体现和具体行动。教育部高度重视书法教育，1998 年印发《九年义务教育全日制小学写字教学指导纲要（试用）》，2002 年印发《关于在中小学加强写字教学的若干意见》，2011 年印发《关于中小学开展书法教育的意见》，2013 年印发《中小学书法教育指导纲要》（以下简称《纲要》）。从写字教学到书法教育，从意见到纲要，教育部对书法教育的重视程度上升到前所未有的高度。

2013 年是我们国家"十二五"规划的第三年，《纲要》印发以后，全国涌现了一大批书法教育的课题研究，我们也进行了规范汉字书法教育研究与实践，从 2014 年到 2019 年这五年当中，我们进行了深入的研究，有几项创新，譬如：习字格的创新、学习内容的创新设计，这当中最关键的一项创新，是我们把传统的写字课程和现代信息技术融合，研发了规范汉字书写数字化教学系统。2020 年，我们申报了"十三五"的课题，在"十二五"课题研究的基础上进一步深入研究书法教育的学科规范与课程教学模式的创新。

河北省教育厅关心下一代工作委员会持续发挥"五老"优势，着力为青少年成长成才办实事解难事，一直关注教育、引导、关爱青少年规范书写，在规范书写教学方面发挥着独特优势和重要作用。2021 年，河北省教育厅关心下一代工作委员会联合河北省语言文字工作者协会、河北省教育捐助爱心联合会共同发起全省性的规范汉字书写实验教学。实验教学以规范汉字书写数字化教学系统为工具，检验它的教学效能，推进规范汉字书写教学高质量发展。

为了指导规范汉字书写实验教学，我们依据《义务教育语文课程标准（2011 年版）》编写了这套中小学"规范书写知识与能力"丛书。2022 年 4 月教育部印发《义务教育语文课程标准（2022 年版）》后，我们根据新课标进行了修订。这套"规范书写知识与能力"丛书是分学段编写的，可帮助老师循序渐进地安排学习内容，设计学习活动，落实学习目标。

依照《纲要》，我们安排的硬笔课程贯穿义务教育阶段，软笔课程从三年级开始设置，学习内容为欧阳询楷书。课程安排注重循序渐进，由浅入深，从汉字的基本笔画、偏旁部首、组合规律，到运笔、结体和章法，分编若干模块，模块内容按"讲"设置，教师可以根据实际合理安排教学。

原国家语言文字工作委员会成员、语文出版社副编审、《语言文字报》主编、中国语文报刊协会规范汉字书写专业委员会副理事长于茂宏先生，中国硬笔书法协会副主席、中国楹联学会名誉副会长陈联合先生，非常关心本书的编写，给予指导，对此我们深表谢意。参与本书编写的成员，有中国书法家协会会员、中国硬笔书法协会会员，有书法注册讲师，有基层老师和干部，经验丰富但囿于学识水平，不妥与疏忽之处在所难免，若各地教师在使用过程中发现问题，请及时反馈给我们，以便再版时修正。

编委会

2023 年 5 月

目 录

第一编 讲授内容

（一）硬笔部分 五年级

第1讲 左窄右宽…………………………………………………………1
第2讲 左小右大…………………………………………………………2
第3讲 左右相同…………………………………………………………3
第4讲 左宽右窄…………………………………………………………4
第5讲 左高右低…………………………………………………………5
第6讲 上窄下宽…………………………………………………………6
第7讲 上下相同…………………………………………………………7
第8讲 上宽下窄…………………………………………………………8
第9讲 独体字字形………………………………………………………9
第10讲 半包结构（一）………………………………………………11
第11讲 半包结构（二）………………………………………………12
第12讲 半包结构（三）………………………………………………13
第13讲 框型结构（一）………………………………………………14
第14讲 框型结构（二）………………………………………………15
第15讲 左中右结构……………………………………………………16
第16讲 上中下结构……………………………………………………17

（二）硬笔部分 六年级

第1讲 横线格书写技巧…………………………………………………19
第2讲 横线格书写训练（一）…………………………………………20
第3讲 横线格书写训练（二）…………………………………………21
第4讲 横线格书写训练（三）…………………………………………21
第5讲 横线格书写训练（四）…………………………………………22
第6讲 横线格书写训练（五）…………………………………………22
第7讲 横线格书写训练（六）…………………………………………23
第8讲 横线格书写训练（七）…………………………………………23
第9讲 作文格书写技巧…………………………………………………24
第10讲 作文格书写训练（一）………………………………………26
第11讲 作文格书写训练（二）………………………………………27

第 12 讲 作文格书写训练（三）……………………………………………27

第 13 讲 作文格书写训练（四）……………………………………………28

第 14 讲 作文格书写训练（五）……………………………………………29

第 15 讲 作文格书写训练（六）……………………………………………30

第 16 讲 作文格书写训练（七）……………………………………………30

（三）软笔部分　五年级

第 1 讲 偏旁部首（口字旁）………………………………………………32

第 2 讲 偏旁部首（王字旁）………………………………………………33

第 3 讲 偏旁部首（日字旁）………………………………………………34

第 4 讲 偏旁部首（单立人）………………………………………………35

第 5 讲 偏旁部首（双立人）………………………………………………36

第 6 讲 偏旁部首（木字旁）………………………………………………37

第 7 讲 偏旁部首（木字底）………………………………………………38

第 8 讲 偏旁部首（禾字旁）………………………………………………39

第 9 讲 偏旁部首（宝盖）…………………………………………………40

第 10 讲 偏旁部首（金字旁）………………………………………………41

第 11 讲 偏旁部首（示字旁）………………………………………………42

第 12 讲 偏旁部首（提手旁）………………………………………………43

第 13 讲 偏旁部首（佳部）…………………………………………………44

第 14 讲 偏旁部首（貝部/見部）……………………………………………45

第 15 讲 偏旁部首（绞丝旁）………………………………………………46

第 16 讲 偏旁部首（足字旁）………………………………………………48

（四）软笔部分　六年级

第 1 讲 偏旁部首（门字框）………………………………………………49

第 2 讲 偏旁部首（广字旁）………………………………………………50

第 3 讲 偏旁部首（走字旁）………………………………………………51

第 4 讲 偏旁部首（月字旁）………………………………………………52

第 5 讲 偏旁部首（走之）…………………………………………………53

第 6 讲 偏旁部首（四点底）………………………………………………54

第 7 讲 偏旁部首（雨字头）………………………………………………55

第 8 讲 偏旁部首（草字头）………………………………………………56

第 9 讲 偏旁部首（三点水）………………………………………………57

第 10 讲　偏旁部首（女字旁）……………………………………59

第 11 讲　偏旁部首（竖心旁）……………………………………60

第 12 讲　偏旁部首（言字旁）……………………………………61

第 13 讲　偏旁部首（国字框）……………………………………62

第 14 讲　偏旁部首（反文旁）……………………………………63

第 15 讲　偏旁部首（耳刀旁）……………………………………64

第 16 讲　偏旁部首（心字底）……………………………………65

第二编　讲授方法

第一章　书法教学目标……………………………………………67

　　第一节　总体目标………………………………………………67

　　第二节　第三学段教学目标……………………………………68

第二章　完整的教学流程…………………………………………70

　　第一节　书法课堂教学过程……………………………………70

　　第二节　课程导入示例…………………………………………72

　　第三节　课堂总结示例…………………………………………80

第三章　书法教学中的教师示范…………………………………88

　　第一节　教师示范的意义………………………………………88

　　第二节　教师示范的形式………………………………………89

　　第三节　教师示范最优化………………………………………89

第四章　书法教学评价……………………………………………92

　　第一节　教学评价的作用与意义………………………………92

　　第二节　第三学段教学评价的重点……………………………95

　　第三节　学生书法学习评价方法………………………………95

第五章　书法实践活动……………………………………………98

　　第一节　书法社团活动…………………………………………98

　　第二节　书法专题讲座…………………………………………100

　　第三节　校园书法比赛…………………………………………101

　　第四节　书法研学活动…………………………………………102

　　第五节　校园书法艺术节………………………………………103

第六章　书法教育信息化…………………………………………105

　　第一节　书法教育信息化的意义………………………………105

第二节　书法教学的信息技术·······································107

第三节　"互联网+"时代的书法教学···························112

第三编　书法文化与欣赏

第一章　书写双姿要规范···116

第一节　硬笔的坐姿···116

第二节　硬笔的执笔姿势···117

第三节　软笔的坐姿···118

第四节　软笔的执笔姿势···118

第二章　硬笔书法作品欣赏···120

第三章　书法作品的幅式···121

第一节　条幅···121

第二节　斗方···121

第三节　楹联···121

第四章　书法字体的流变···123

第一节　篆书···124

第二节　隶书···124

第三节　草书···125

第四节　楷书···126

第五节　行书···127

附　录

中小学书法教育指导纲要···130

义务教育语文课程标准（2022年版）识字与写字部分·············134

第一编 讲授内容

（一）硬笔部分 五年级

第1讲 左窄右宽

一、学习目标

1.学会观察左右结构的字，部件的宽窄比例。

2.书写时准确把握笔画的位置与笔画间的对应关系。

3.感受书写的魅力，激发书写兴趣，陶冶性情，保持良好的书写习惯。

二、学习重点、难点

偏旁在左要写窄，左右两部分高低、宽窄不同。

三、实操过程

（一）书写技巧

1.引导学生观察这类字的外形特点：左右结构中，左部分笔画较少时或右部分有伸展笔画时，左窄右宽。

2.观察右侧主体与左侧偏旁的宽窄比例与高低位置。

（二）示范字指导

说：左窄右宽，点高悬，横短上扬，提稍长；右侧点低撇高，口与点撇同宽，竖弯钩伸展，底部平稳。

粒：米部横中偏右写长竖，撇画伸展，捺画变点，左窄右宽；立部点画起笔对撇头，左右有横，横对横，最后一横高于左竖尾。

找：左窄右宽，首横低，竖钩短，左偏旁右平切；右侧短横上扬角度变大，斜钩主笔伸展，钩最低，撇上移，写紧凑。

提醒学生注意观察这类字的结构关系，要求学生在书写时做到下笔位置准确。

（三）词组练习

书写提示：左窄右宽，左右两部分要写紧凑，注意穿插避让，同时区分两部分的高低位置。"保"字右部分的撇画勿长，迎让左部分；"协"字撇画要舒展，与左部分产生穿插；"接"字部件"女"的长横左出头短，右出头长。

（四）句子练习

1. 书写之前先观察范字，思考清楚汉字的结构关系与笔画的对应关系。

2. 保持规范的书写姿势。

3. 字迹清晰，大小匀称；字间距相等；字的重心要在一条水平线上。

四、课堂总结

1. 左右结构中，右为主体的字，要左窄右宽，写右看左。

2. 本课常见易错点：言字旁点画对折画，米字旁和提手旁横中偏右写竖，右侧平切；"说"字左紧右松，左点低右撇高，口勿写大，底写平；"粒"字立居于米字旁中间，最后一笔横画可与米部撇尾持平；"找"字首横起笔低，提手旁的竖钩不能写太长，撇画勿低。

第2讲 左小右大

一、学习目标

1. 学会观察左右结构的字，部件的大小比例。

2. 书写时准确把握笔画的位置与笔画间的对应关系。

3. 感受书写的魅力，激发书写兴趣，陶冶性情，保持良好的书写习惯。

二、学习重点、难点

偏旁在左，要写小，居中间偏上位置。

三、实操过程

（一）书写技巧

1. 引导学生观察这类字的位置关系：左小右大，左偏旁要写小，在中间偏上位置。

2. 观察右侧主体与左侧偏旁的宽窄比例、高低位置、大小关系。

（二）示范字指导

吸：口写小，居中间偏上位置；撇画稍立；横上扬，起笔对口的折角处，两折短，外撇挡内撇；最后一笔捺画起笔对第一折尾，撇捺伸展，底部写平。

峰：中竖稍长，边竖短，山写小，居中间偏上位置；短撇起笔最高；撇中偏上写横撇，撇收捺伸展；三横平行等距；最后一笔竖画写直，收笔最低。

攻：工写小，居中间偏上位置；反文短撇稍立，撇中偏下写短横，横上扬，对左横；下撇起笔偏左，对上撇头；捺画起在短撇尾；撇捺在下，撇弯捺直，撇高捺低。

提醒学生注意观察这类字的结构关系，要求学生在书写时做到下笔位置准确。

（三）词组练习

书写提示：左小右大，注意左右比例关系，同时注意左紧右松。"精""唯"字多横要等距；"代""界"字主笔要突出；"性"字点画与撇画注意避让，笔画勿打架；"旷"字撇画舒展，至日字旁下面。

（四）句子练习

1.书写之前先观察范字，思考清楚汉字的结构关系与笔画的对应关系。

2.保持规范的书写姿势。

3.字迹清晰，大小匀称；字间距相等；字的重心要在一条水平线上。

四、课堂总结

1.左右结构中，左小右大的字，左偏旁要写小，在右侧主体的中间偏上。

2.本课常见易错点：注意及字书写笔顺，先写撇画后写横折折撇；"吸"字横折折撇两折要写短；"峰"字山字旁写在中间偏上，撇捺伸展盖住下方的丰；"攻"字工的第一笔横画收笔要高于反文的横画起笔。

第3讲 左右相同

一、学习目标

1.学会观察左右结构的字，部件的形状比例。

2.书写时准确把握笔画的位置与笔画间的对应关系。

3.感受书写的魅力，激发书写兴趣，陶冶性情，保持良好的书写习惯。

二、学习重点、难点

左右对应，写右看左；右侧笔画起笔的位置应与左侧有对应关系。

三、实操过程

（一）书写技巧

1.引导学生观察这类字的结构特点：左右相同，左收右放。

2.观察右侧主体笔画的起笔位置。

（二）示范字指导

双：又做偏旁，捺变点，点画收笔与横撇折角对齐；左小右大，左右横对横，撇捺伸展，捺最低。

林：首横低，横中偏右写竖，捺变点，在竖中；横对左横，左右有竖，右竖高，起笔高于左竖，收笔低于左竖；撇捺伸展底写平。

从：人做偏旁，捺变点，左小右大，右侧人撇画起笔高于左撇，捺画伸展。

提醒学生注意观察这类字的结构关系，左右结构相同的常用字还有：非、朋、羽、比、竹、册、弱、赫、喆等。要求学生在书写时做到下笔位置准确。

（三）词组练习

书写提示：左右相同，左右对应，左右两部分要写紧凑，同时注意笔画的变化。"羽""朋""竹"右钩最低；"非""林"字右竖最低；"竹"字中间短横与撇画注意收缩；"友"字横短撇长；"有"字横长撇短。

（四）句子练习

1.书写之前先观察范字，思考清楚汉字的结构关系与笔画的对应关系。

2.保持规范的书写姿势。

3.字迹清晰，大小匀称；字间距相等；字的重心要在一条水平线上。

四、课堂总结

1.左右结构中，左右相同的字，右侧主体较大；右侧笔画应与左侧对应。

2.本课常见易错点：`"双"字左窄右宽，两横上扬，右侧横画起笔在左侧横撇折角下；"林"字两横上扬，撇捺收笔在一条线上；"从"字点画起笔在撇中，捺画起笔在撇画中间偏上。

第4讲 左宽右窄

一、学习目标

1.学会观察左右结构的字，部件的宽窄比例。

2.书写时准确把握笔画的位置与笔画间的对应关系。

3.感受书写的魅力，激发书写兴趣，陶冶性情，保持良好的书写习惯。

二、学习重点、难点

左宽右窄，左右两部分重心对齐；注意左右两部分的高低位置。

三、实操过程

（一）书写技巧

1.引导学生观察这类字的结构特点：左右结构中，左部分笔画较多时或右侧无横向伸展笔画时，左宽右窄。

2.观察右侧笔画起笔的位置；右侧部分与左侧主体高低的对比。

（二）示范字指导

剑：左宽右窄，左撇伸展，捺变点，三点起笔呈一条斜直线，横变提，右侧齐平，立刀写窄，短竖起笔高，竖钩最长，钩最低。

影：日写扁，多横等距，横左延，口写小，竖对上点，右侧齐平；三撇斜向等距，下撇最展，包左钩。

却：横短竖高，两横平行，下横左延，撇折起笔对上竖，点写小，右侧齐平，左高右低；单耳旁写窄，竖垂直最低。

提醒学生注意观察这类字的结构关系，要求学生在书写时做到下笔位置准确。

（三）词组练习

书写提示：左宽右窄，左部分笔画多要写紧凑，同时区分两部分的高低位置。左右结构中，右侧是立刀的，一般立刀的竖钩最低；"粉""致"字左部分笔画较多，但是右部分有伸展笔画，书写时应左窄右宽；"断"字左高右低，撇高竖低；"致""勃"左部分书写紧凑。

（四）句子练习

1.书写之前先观察范字，思考清楚汉字的结构关系与笔画的对应关系。

2.保持规范的书写姿势。

3.字迹清晰，大小匀称；字间距相等；字的重心要在一条水平线上。

四、课堂总结

1.左右结构中，左宽右窄的字，书写时注意左右两部分的高低位置。

2.本课常见易错点："剑"字提画勿过于倾斜；"影"字多横等距，勿凌乱；"却"字左高右低，左右勿写齐平。

第5讲 左高右低

一、学习目标

1.学会观察左右结构的字，左右两部分的高低变化。

2.书写时准确把握笔画的位置与笔画间的对应关系。

3.感受书写的魅力，激发书写兴趣，陶冶性情，保持良好的书写习惯。

二、学习重点、难点

左高右低，右侧部分的起笔位置；左右两部分重心对齐。

三、实操过程

（一）书写技巧

1.引导学生观察这类字的结构特点：左大右小，右侧部分居中间或中间偏下。

2.观察右侧部件笔画起笔的位置。

（二）示范字指导

即：左宽右窄，左侧横折起笔高，横短折长，三横等距，竖提的竖画是横折的折画约两倍长，提写稍长，点写小；单耳旁横折钩起笔对左边第二横，最后一笔竖画垂直写长，收笔最低。

和：平撇短，横上扬向左伸，撇横紧凑，横中偏右写竖，撇画伸展，捺画变点，起笔在竖中；左宽右窄，口在中间位置，第一笔竖画起笔对横尾，横折横长折短，最后一笔横画写平稳。

部：点偏右，点横分离，两横平行，第二横向左伸，口写扁，与上横等宽，音部右侧收笔在一条竖线上；左宽右窄，右耳旁起笔低，横撇写小，弯钩稍大，竖画要写长，收笔最低。

提醒学生注意观察这类字的结构关系，要求学生在书写时做到下笔位置准确。左耳旁书写时横撇略大，弯钩小；右耳旁书写时横撇写小，弯钩略大。

（三）词组练习

书写提示：左高右低，左右两部分要紧凑，同时注意右侧低的部分起笔的位置。"那"字横折钩倾斜角度勿大，撇低钩高；"胡"字古的横画写短，竖画最高；"知""和"注意口的位置在中下方。

（四）句子练习

1. 书写之前先观察范字，思考清楚汉字的结构关系与笔画的对应关系。

2. 保持规范的书写姿势。

3. 字迹清晰，大小匀称；字间距相等；字的重心要在一条水平线上。

四、课堂总结

1. 左右结构中，左高右低的字，左侧部分的收笔大致持平，右侧居中或偏下。

2. 本课常见易错点："即"字竖提的提画要写长，点要写小；"和"字口写小，居中下；"部"字横撇弯钩写稍长，横撇小，弯钩稍大。

第6讲 上窄下宽

一、学习目标

1. 学会观察上下结构的字，上下部件的宽窄比例。

2. 书写时准确把握笔画的位置与笔画间的对应关系。

3. 感受书写的魅力，激发书写兴趣，陶冶性情，保持良好的书写习惯。

二、学习重点、难点

上窄下宽的字，上面部分的横向笔画要写短。

三、实操过程

（一）书写技巧

1. 引导学生观察这类字的结构特点：上下结构中，下部分有伸展笔画，上紧下松，上窄下宽。

2. 观察上部横向笔画的长度。

（二）示范字指导

支：首横短，横中写竖，竖写高；横撇起笔对上横，撇弯捺直，交点对上竖，收笔撇高捺低。

茶：草字头横画写短，两短竖左低右高；撇捺伸展，托起上方笔画，盖住下方笔画；中间横画写短，与草字头两竖等宽，横中写竖钩，竖对撇捺交点，左右两点写小。

安：首点居中，左点稍立，横钩写短；撇点起笔对上点，撇短点长，点最低，撇写短，起笔低，交点对上点，最后一笔横画伸展写长。

提醒学生注意观察这类字的结构关系，要求学生在书写时做到下笔位置准确。

（三）词组练习

书写提示：上窄下宽，上下两部分要对正，注意上下部分的宽窄关系。"落"字下半部分左收右放；"寻"字上横收短，寸的横画伸展写长；"焦"字上半部分左窄右宽，平行等距；"晃"字底部写平稳。

（四）句子练习

1.书写之前先观察范字，思考清楚汉字的结构关系与笔画的对应关系。

2.保持规范的书写姿势。

3.字迹清晰，大小匀称；字间距相等；字的重心要在一条水平线上。

四、课堂总结

1.上下结构中，上窄下宽的字，上部笔画收短，下部笔画伸展。

2.本课常见易错点："支"字两横、撇捺交点、撇捺收笔四水平线间距相等，撇写弯，弧度变大，捺写直；"茶"字草字头两短竖上长下短，中间撇捺伸展，分开角度稍大，撇低捺高，左右两点起笔略高；"安"字撇点撇短点长，收笔最低，横画伸展写长。

第 7 讲 上下相同

一、学习目标

1.学会观察上下结构的字，上下部件的大小变化。

2.书写时准确把握笔画的位置与笔画间的对应关系。

3.感受书写的魅力，激发书写兴趣，陶冶性情，保持良好的书写习惯。

二、学习重点、难点

上下相同的字，注意上下两部分大小与宽窄的比例。

三、实操过程

（一）书写技巧

1.引导学生观察这类字的外形特点：上下相同，上小下大。

2.上紧下松，上小下大要对比明显。

（二）示范字指导

多：上小下大，前三撇勿长，收笔持平；点偏下；下撇伸展。上下两部分重心上下对正。

昌：上窄下宽，上下两部分写扁，多横等距，底横写平。

炎：上小下大，点低撇高，捺变点；撇对撇，上下对应，撇捺伸展，底写平。

提醒学生注意观察这类字的结构关系，上下相同的常用字还有：吕、串、爻、圭、哥、出等。要求学生在书写时做到下笔位置准确。

（三）词组练习

书写提示：上下相同，注意上下两部分的大小关系，同时注意笔画的变化。"多"字两部分都是斜形，上下两部分的重心要对齐，斜而不倒；"哥"字上紧下松，中横伸展，口居左上；"佳"左窄右宽，四横等距，底横写平。

（四）句子练习

1.书写之前先观察范字，思考清楚汉字的结构关系与笔画的对应关系。

2.保持规范的书写姿势。

3.字迹清晰，大小匀称；字间距相等；字的重心要在一条水平线上。

四、课堂总结

1.上下两部分相同的字，上部分偏小，下部分稍大，上下要对正。

2.本课常见易错点："多"字重心上下不对正，左右错位，撇画弧度太大，上下不协调；"昌"字横画不等距，日中间短横要连左不连右；"炎"字点低撇高，中间撇画起笔最高，下方火的点撇位置稍高，靠近上面的撇尾和点尾。

第8讲 上宽下窄

一、学习目标

1.学会观察上下结构的字，上下部件的宽窄比例。

2.书写时准确把握笔画的位置与笔画间的对应关系。

3.感受书写的魅力，激发书写兴趣，陶冶性情，保持良好的书写习惯。

二、学习重点、难点

上宽下窄的字，字头笔画要覆盖下方笔画。

三、实操过程

（一）书写技巧

1.引导学生观察这类字的外形特点：上下结构中，上部分有伸展笔画或笔画较多时，上宽下窄。

2.观察下部笔画和上部笔画的宽窄关系。

（二）示范字指导

会：撇捺伸展，撇低捺高；下方云写小，两短横靠上写紧凑，撇折遇点变撇提，点写长，收笔最低。

雪：首横短，雨字头要写宽，横折钩变横钩写长，中竖写直，四点对应；下写窄，横折横长折短，三横平行等距，底横写平稳。

帮：邦写扁写宽，三横平行写紧凑，右耳旁竖写短；巾写窄，上下紧凑，最后一笔竖画垂直，写中间。

提醒学生注意观察这类字的结构关系，要求学生在书写时做到下笔位置准确。带横钩的字头偏旁，一般要上宽下窄，但是当下方有横向伸展笔画时，应适当上窄下宽，例如：学、安、军、雾等。

（三）词组练习

书写提示：上宽下窄，注意上下两部分的重心对正。"智"字上半部分左宽右窄，口居中下；"条""奈""全"字注意上部分撇捺伸展，撇低捺高；"贯"字横最伸展，两个框上下等宽，撇高点低。

（四）句子练习

1.书写之前先观察范字，思考清楚汉字的结构关系与笔画的对应关系。

2.保持规范的书写姿势。

3.字迹清晰，大小匀称；字间距相等；字的重心要在一条水平线上。

四、课堂总结

1.上下结构中，上宽下窄的字，上下两部分要写略扁，上下的宽窄对比要明显。

2.本课常见易错点："会"字撇略直，撇低捺高，云部第二横与撇捺收笔在一条线上，点写长，收笔最低；"雪"字四点略向中竖靠近，左右对应，彐部与四点大致等宽；"帮"字撇和竖都要写短。

第9讲 独体字字形

一、学习目标

1.观察独体字各类字形，区分它们的形状，分辨轮廓的形态。

2.书写时准确把握笔画的位置与笔画间的对应关系。

3.感受书写的魅力，激发书写兴趣，陶冶性情，保持良好的书写习惯。

二、学习重点、难点

通过字中伸展笔画的位置，来界定汉字的形状。

三、实操过程

（一）书写技巧

引导学生观察独体字的外形特点，常见的独体字字形有：正方形、长方形、扁方形、三角形、梯形、菱形、圆形等。

（二）示范字指导

目：字形窄长，两竖垂直，多横等距。

月：字形窄长，上紧下松，多横等距。

土：中竖垂直写高，底横平稳伸展。

火：点低撇高，中间撇画起笔最高，撇捺伸展，底部平稳。

牛：短撇稍立，两横平行上短下长，竖垂直写长，上紧下松。

专：两横平行上短下长，竖左倾，撇内收，重心平稳，点最低。

口：两竖内收，左右对应；口字写好三露头。

田：两竖内收，左右对应；中竖垂直，同向平行等距。

户：点对横中，横短撇长。

力：横微扬，折内收，撇折平行。

飞：横微扬，斜钩展，撇点写小，中上移。

气：横上扬，同向等距，折对横尾，钩伸展。

提醒学生注意观察这类字的外形特点，书写时：长方形的字横变短，竖垂直；三角形的字顶部居中，底部伸展；菱形的字上下居中，中间伸展；倒梯形的字上宽下窄，左右对应；斜形的字斜而不倒，重心平稳。

四、课堂总结

1.通过观察总结汉字的字形特点，把握字的结构，在进行成篇书写时，依据字形进行排列，大字写大，小字写小，长字写长，扁字写扁，保持字的重心在一条水平线上，整篇字就整齐美观。

2.本课常见易错点："月"字中间两短横连到右竖，位置应该居中偏上；"专"字在做部件时，横右展，竖稍立；"力"字横折钩写最低；"飞"和"气"的钩要向正上方提出。

第 10 讲 半包结构（一）

一、学习目标

1. 观察左上包右下结构的字，被包部分的位置以及重心。

2. 书写时准确把握笔画的位置与笔画间的对应关系。

3. 感受书写的魅力，激发书写兴趣，陶冶性情，保持良好的书写习惯。

二、学习重点、难点

左上包右下的字，被包部分的右侧笔画要向右伸展。

三、实操过程

（一）书写技巧

1. 引导学生观察这类字的书写特点：横上扬，撇伸展，下部主体重心偏右。

2. 观察被包部分的笔画长短变化。

（二）示范字指导

厅：厂字头横短撇长；丁的横画超出上横，横中写竖钩，钩最低。

庄：点下有横要悬空，横短撇长，撇画收笔最低；点竖直对，竖画对上点，最后一笔横画写长，超出上横。

居：尸字头横折短，两横平行，撇画伸展写长；古部横画向右伸展，横中写竖，竖写直，向左倾，口写扁，底横写平。

提醒学生注意观察这类字的结构关系，左上包右下的常用偏旁：厂字头、广字头、病字框、尸字头、虎字头、户字头，书写时应注意横写短上扬，撇写长。

（三）词组练习

书写提示：左上包右下，注意两部分的收放关系，下部有横时，撇最低；下部有竖时，竖最低。"调"字撇包提；"度"字两个撇画倾斜角度与长短不同，注意迎让；"空"字点画不搭接其他笔画；"虚"字中间部分写紧凑。

（四）句子练习

1. 书写之前先观察范字，思考清楚汉字的结构关系与笔画的对应关系。

2. 保持规范的书写姿势。

3. 字迹清晰，大小匀称；字间距相等；字的重心要在一条水平线上。

四、课堂总结

1. 包围结构中，左上包右下的字，横上扬，撇伸展，被包部分要写宽，重心偏右。

2. 本课常见易错点："厅"字上紧下松，竖钩最低；"庄"字土的竖画不能写太长，字的最低点是撇尾；"居"字多横等距。

第 11 讲 半包结构（二）

一、学习目标

1.观察右上包左下结构的字，被包的大小以及位置。

2.书写时准确把握笔画的位置与笔画间的对应关系。

3.感受书写的魅力，激发书写兴趣，陶冶性情，保持良好的书写习惯。

二、学习重点、难点

右上包左下，被包部分的左侧笔画要向左伸，重心向左移。

三、实操过程

（一）书写技巧

1.引导学生观察这类字的书写特点：右部舒展，左下部分重心偏左。

2.观察被包部分的大小及位置。

（二）示范字指导

司：横折钩横短竖长；框内横画和口起笔偏左，重心对左中点；多横平行等距。

句：撇横组合，横画起笔在撇画中间偏下，折略向左倾；口写扁，在偏左上位置，重心平稳。

或：首横短，右上扬；口写扁，提左延，口和提略向左伸出；斜钩伸展，起笔最高，钩最低；点尾对撇头。

提醒学生注意观察这类字的结构关系，要求学生在书写时做到下笔位置准确。

（三）词组练习

书写提示：右上包左下，整体左收右放，注意被包部分写紧凑。"械"字左窄右宽，被包部分写小；"氛"字左下写小，斜钩伸展；"载""栽""截"字形相同，被包部分写小，斜钩稍立，弧度变小。

（四）句子练习

1.书写之前先观察范字，思考清楚汉字的结构关系与笔画的对应关系。

2.保持规范的书写姿势。

3.字迹清晰，大小匀称；字间距相等；字的重心要在一条水平线上。

四、课堂总结

1.包围结构中，右上包左下的字，被包部分的重心偏左。

2.本课常见易错点：区分横折钩的折画是垂直还是向内收；"司"字横短竖长，折画写略直；"句"字横折钩折画略向内收，口部起笔对撇尾，居中间偏左上位置；"或"字左侧写紧凑，斜钩伸展。

第 12 讲 半包结构（三）

一、学习目标

1. 观察左下包右上结构的字，被包部分的大小以及位置。

2. 书写时准确把握笔画的位置与笔画间的对应关系。

3. 感受书写的魅力，激发书写兴趣，陶冶性情，保持良好的书写习惯。

二、学习重点、难点

左下包右上，两部分重心向中间靠；捺画要托住上方主体。

三、实操过程

（一）书写技巧

1. 引导学生观察这类字的书写特点：底部舒展，托起上部主体。

2. 观察被包部分笔画的长短变化。

（二）示范字指导

建：聿部横折稍向内收，第二笔横最长，多横平行等距，长短分明，横中写竖，竖画写直；建之第一横对位聿部横折，第二折对位聿部第三笔横画，撇捺交点对位聿部最后一横，平捺舒展写长，托起上部主体，收笔超出上横。

近：短撇写平，竖撇挡平撇，撇中偏上写横，横中写竖；走之点对折角，横折折撇写小圆转流畅，平捺舒展写长，托起上部主体，收笔超出上横。

赵：横短竖高，第二横起笔左延，走字底三横平行等距，收笔在一条垂直线，平捺舒展写长，托起上部主体；撇与长点稍立，向中间靠拢。

提醒学生注意观察这类字的结构关系，要求学生在书写时做到下笔位置准确。左下包右上的常用偏旁：走字底、是字底、毛字底、九字底、尤字底、鬼字底等。

（三）词组练习

书写提示：左下包右上，两部分向中心靠拢，同时注意被包部分变窄。"尴""毽""魅"字被包部分笔画多，安放要稳妥，笔画不打架，底部写平稳；"起""题"字捺画倾斜角度不要过大。

（四）句子练习

1. 书写之前先观察范字，思考清楚汉字的结构关系与笔画的对应关系。

2. 保持规范的书写姿势。

3. 字迹清晰，大小匀称；字间距相等；字的重心要在一条水平线上。

四、课堂总结

1. 左下包右上，底部舒展，托起上部主体，被包部分笔画要写紧凑，防止松散。

2. 本课常见易错点：多横间距相等，要写紧凑；"建"字两部分写紧凑，内紧外松；

"近"字竖撇写小，弧度写直；"赵"字走字底上竖对下竖，撇收捺舒展。

　　3.规律总结：被包部分位置不同，要与外包部分成对应关系，重心要稳。

第13讲 框型结构（一）

一、学习目标

　　1.观察上三包围结构的字，被包部分的大小及位置。

　　2.书写时准确把握笔画的位置与笔画间的对应关系。

　　3.感受书写的魅力，激发书写兴趣，陶冶性情，保持良好的书写习惯。

二、学习重点、难点

　　重点：外框要写端正，框内部分居于中间偏上。

　　难点：横折钩横短竖长钩最低，竖画写直。

三、实操过程

（一）书写技巧

　　1.引导学生观察这类字的外形特点：外部有框，被包部分要写小，居中间偏上位置。

　　2.观察被包部分的位置。

（二）示范字指导

　　闪：门字框呈长形，点下写竖，点右起横折钩，钩最低，低于左竖；人在中间居上的位置，捺画变点，上紧下松。

　　同：竖画写直，横折钩横平竖直钩最低；被包部分居中间偏上，口写略扁，呈倒梯形；多横平行等距。

　　周：竖撇先竖后撇，横折钩横平竖直钩最低；土和口书写紧凑，居中间偏上，多横平行等距。

　　提醒学生注意观察这类字的结构关系，要求学生在书写时做到下笔位置准确。

（三）词组练习

　　书写提示：上三包，外框写平稳，整字上紧下松，被包部分将框型空间分割均匀。"凤"字两个撇画倾斜角度与长短不同，点画倾斜角度与撇对应，交点居中；"网"字内部注意穿插避让。

（四）句子练习

　　1.书写之前先观察范字，思考清楚汉字的结构关系与笔画的对应关系。

　　2.保持规范的书写姿势。

　　3.字迹清晰，大小匀称；字间距相等；字的重心要在一条水平线上。

四、课堂总结

1.框内的笔画要写紧凑，被包部分居中间偏上的位置。

2.本课常见易错点："闪"字横折钩低于左竖；"同"字框内短横与口同宽；"周"字框内土字要上横短，下横长，竖画居中。

第14讲 框型结构（二）

一、学习目标

1.观察包围结构的字，掌握字框的书写特点。

2.书写时准确把握笔画的位置与笔画间的对应关系。

3.感受书写的魅力，激发书写兴趣，陶冶性情，保持良好的书写习惯。

二、学习重点、难点

外框要写平正；被包部分笔画要分布均匀。

三、实操过程

（一）书写技巧

1.引导学生观察这类字的外形特点：外框要平正，被包部分写匀称。

2.观察被包部分在字中的位置。

（二）示范字指导

区：首横短；撇画起笔靠近横尾，点画起笔靠近横头，撇点角度统一；竖直横长，下横长于上横；字形呈梯形，框内笔画居中。

画：首横短；田写方，与上横等宽；竖折起笔低，竖短横长；最后一笔竖画起笔高于左竖，收笔出头，略低于左竖；画字框包住上方一半。

困：国字框写端正，横短竖长；木居中；横短竖居中，捺画变点，上紧下松；底横写平。

提醒学生注意观察这类字的结构关系，要求学生在书写时做到下笔位置准确。

（三）词组练习

书写提示：字框结构，外框平正，被包部分将框型空间分割均匀，同时注意位置关系。"凶"字注意字框包住上方一半，撇捺倾斜角度对应。

（四）句子练习

1.书写之前先观察范字，思考清楚汉字的结构关系与笔画的对应关系。

2.保持规范的书写姿势。

3.字迹清晰，大小匀称；字间距相等；字的重心要在一条水平线上。

四、课堂总结

1.字框结构注意框内外的对应关系，左三包底横写长；下三包包一半；全包围被包部分居中间偏上位置。

2.本课常见易错点："区"字撇点要在上横内侧，下横写长；"画"字多横多竖平行等距；"困"字框内木部横画起笔略高，竖写直，撇点收笔大致持平。

第15讲 左中右结构

一、学习目标

1.观察左中右复杂结构的字，横画的长度变化。

2.汉字书写时，能找到笔画的左右对应关系。

3.感受书写的魅力，激发书写兴趣，陶冶性情，保持良好的书写习惯。

二、学习重点、难点

横画变短，横向收紧，穿插避让。

三、实操过程

（一）书写技巧

1.引导学生观察这类字的书写特点：横变短，穿插避让，各部件高低不同。

2.观察字中涉及较多笔画的长度变化。

（二）示范字指导

蝴：虫与古居中上位置，虫的横略高于古的横画；古的竖画起笔高于左竖；月部上紧下松；左中右错落有致，平均分布，各占约1/3宽度。

衡：双立人两撇起笔对齐，竖写短；中间部分略宽，短撇起笔最高，下横收短，捺变点；右部两横短，竖钩最低；中间部分占主位，约一半宽度，左右部分写窄，两部分各占约1/4宽度。

激：三点水写窄；中间部分短撇起笔高，多横等距写紧凑，方的横折钩最低；反文旁短撇稍立，撇弯捺伸展，撇高捺低；左窄中右宽，左部占位约1/5，中右各占位约2/5。

提醒学生注意观察这类字的结构关系，要求学生在书写时做到下笔位置准确。

（三）词组练习

书写提示：左中右结构，各部分都要写正，同时注意高低位置不同。"衔""衡"字左中高，右侧低，注意撇画穿插避让；"潮""班"字中间最高，两边低；"脚"三部分高低不同，错落有致。

（四）句子练习

1.书写之前先观察范字，思考清楚汉字的结构关系与笔画的对应关系。

2.保持规范的书写姿势。

3.字迹清晰，大小匀称；字间距相等；字的重心要在一条水平线上。

四、课堂总结

1.左中右结构，各部分书写紧凑，字形勿散，书写的宽窄要看各部分笔画的多少，笔画多的部分略宽，笔画少的部分略窄，字有撇捺时凸显写宽，要伸展加长。

2.本课常见易错点："蝴"字三部分书写紧凑，古部横画写短，口写小，月部横折钩竖画要写直；"衡"字中间部分右侧要齐平；"激"字注意书写笔顺，中间部分白要窄，横画书写紧凑。

第 16 讲 上中下结构

一、学习目标

1.观察上中下复杂结构的字，纵向笔画的长度和角度变化。

2.汉字书写时，能找到笔画的上下对应关系。

3.感受书写的魅力，激发书写兴趣，陶冶性情，保持良好的书写习惯。

二、学习重点、难点

纵向收短，有长横或撇捺的笔画要充分展示。

三、实操过程

（一）书写技巧

1.引导学生观察这类字的书写特点：纵向收短，横向伸展，宽窄不同。

2.观察纵向笔画的角度变化。

（二）示范字指导

竟：三部分都写扁，点下有横要悬空，短横盖住下方两点；曰与第一横等宽；竖弯钩写伸展，超出上横，向正上方出钩。上中下高度大致相等，各占约 1/3 高度。

赏：短竖居中要写高，横钩写宽盖住下方笔画；口写扁与点撇等宽；贝写窄，撇点对应，点画写长。

暴：日写宽写扁，两竖内收；中间两短横上短下长，两竖对位日部两竖；撇捺写伸展，起笔对上竖；水部竖钩垂直写中间，四点呼应写均衡。中间宽上下窄。

提醒学生注意观察这类字的结构关系，要求学生在书写时做到下笔位置准确。

（三）词组练习

书写提示：上中下结构，各部分都要写扁，同时注意各部件的宽窄比例关系。"荒""莫"字注意底部写平稳；"幕""章"字中间的竖画写垂直，起支撑作用；"复""莫""衷"字注意上窄下宽，撇短捺长，左收右放。

（四）句子练习

1.书写之前先观察范字，思考清楚汉字的结构关系与笔画的对应关系。

2.保持规范的书写姿势。

3.字迹清晰，大小匀称；字间距相等；字的重心要在一条水平线上。

四、课堂总结

1.上中下组合各部分都要写扁，有长横或撇捺要写伸展，有框形结构要写扁。

2.本课常见易错点："竟"字横画写长，儿字在底撇画斜且直，竖弯钩超出上方笔画；"赏"字的贝部为瘦形字体横折横短竖长，竖画要写直，点在右下，点最低；"暴"字日横折内收，上宽下窄，中间部分第二横不要写太长，长于第一横就行，撇捺左右匀称，起笔不相连。

（二）硬笔部分 六年级

第1讲 横线格书写技巧

一、学习目标

1.观察汉字在横线格中的大小及排列方法。

2.学会在横线格书写时，做到单字端正、匀称，通篇行款整齐、美观。

3.感受书写的魅力，激发书写兴趣，陶冶性情，保持良好的书写习惯。

二、书写指导

观察书写示范，总结横线格书写技巧。

1.书写之前先观察范例，找到本行字的最高笔画和最低笔画，来确定本行第一个字在横线格的书写位置。

2.书写时，字与字的间距相等，约一条线（0.5mm~1mm）的宽度。书写美观度低的可适当加大字间距，但是字间距不能过大，字间距过大会导致过度关注单字，凸显出单字结构的书写问题，影响通篇内容的连贯。

3.书写时，根据汉字本身的形状去占格，笔画多的字写大，笔画少的字写小，扁方形字写宽，长方形字写窄；无论单字字形是什么形状，字的重心都要在一条水平线上，保持一行字的水平。

4.书写时，多行之间保持间距相等，行间距大于字间距。

行间距的设置：汉字书写在横线格的偏下位置，以底线做参照，将横线格距离底线0.8cm的高度设置一条辅助线，作为行间距，单行字的最高笔画可以超出0.8cm的辅助线，单行字的最低笔画紧贴底线。学生日常书写使用的横线格本中，格子的高度一般是1.1cm，而中高考使用的作文格高度是0.8cm，在横线格设置辅助线的目的是辅助固定汉字字形的大小，同时也为作文格书写打下基础。

5.段落书写时，首行空位两个字符，多行首尾两端要上下对齐，每行第一个字要上下对齐，最后一个字要上下对齐，中间的字不用上下对齐。

> 有些人家，在屋后种几十枝竹，绿
> 的叶，青的竿，投下一片浓浓的绿荫。几
> 场春雨过后，到那里走走，你常常会看
> 见许多鲜嫩的笋，成群地从土里探出头来。

三、句段练习

1.根据示范内容进行书写练习，先描摹，再临写。

2.书写之前先观察范字，思考清楚汉字的结构与笔画位置。

3.提醒学生书写时保持良好的书写习惯：书写姿势规范正确；卷面保持干净整洁；标点符号使用规范；书写具有一定速度。

四、课堂总结

1.本课常见问题：单行首字写得过高或过低，导致汉字大小不能掌握而出线；整行字或高或低杂乱无章；多行两端不能对齐。

2.本课需要注意的字："少"要写小，撇略直；"震鹰翼乔泰"上下结构笔画数较多，竖向收短，中间收紧，上下对正；"腾渊鳞硎疆剥削"左右结构且笔画数较多，应横向收短，左右对应，高低不同。

第2讲 横线格书写训练（一）

一、学习目标

1.观察汉字在横线格中的大小及排列方法。

2.学会在横线格书写时，做到单字端正、匀称，通篇行款整齐、美观。

3.感受书写的魅力，激发书写兴趣，陶冶性情，保持良好的书写习惯。

二、训练指导

1.根据示范内容进行书写练习，先描摹，再临写。

2.临写之前先观察范字，找到本行字的最高笔画和最低笔画，来确定本行第一个字在横线格的书写位置。

3.书写时，利用辅助线（0.8cm）来界定字的书写高度，单行字的最高笔画可以超出0.8cm的辅助线，单行字的最低笔画紧贴底线；利用辅助线（0.4cm）定位汉字书写的重心。

4.需要注意的字："了自多"长方形字要写窄；"一八三又"扁方形字要居中，不

能贴下边线写；上下结构的字，竖向收短，中间收紧，上下对正；左右结构的字，横向收短，左右对应，高低不同。

5.提醒学生书写时保持良好的书写习惯：书写姿势规范正确；卷面保持干净整洁；标点符号使用规范；书写具有一定速度。

第3讲 横线格书写训练（二）

一、学习目标

1.观察汉字在横线格中的大小及排列方法。

2.学会在横线格书写时，做到单字端正、匀称，通篇行款整齐、美观。

3.感受书写的魅力，激发书写兴趣，陶冶性情，保持良好的书写习惯。

二、训练指导

1.根据示范内容进行书写练习，先描摹，再临写。

2.临写之前先观察范字，找到本行字的最高笔画和最低笔画，来确定本行第一个字在横线格的书写位置。

3.书写时，利用辅助线（0.8cm）来界定字的书写高度，单行字的最高笔画可以超出0.8cm的辅助线，单行字的最低笔画紧贴底线；利用辅助线（0.4cm）定位汉字书写的重心。

4.需要注意的字："事傲意散精帮翻"多横多竖要平行等距写紧凑；上下结构的字，竖向收短，中间收紧，上下对正；左右结构的字，横向收短，左右对应，高低不同。

5.提醒学生书写时保持良好的书写习惯：书写姿势规范正确；卷面保持干净整洁；标点符号使用规范；书写具有一定速度。

第4讲 横线格书写训练（三）

一、学习目标

1.观察汉字在横线格中的大小及排列方法。

2.学会在横线格书写时，做到单字端正、匀称，通篇行款整齐、美观。

3.感受书写的魅力，激发书写兴趣，陶冶性情，保持良好的书写习惯。

二、训练指导

1.根据示范内容进行书写练习，先描摹，再临写。

2.临写之前先观察范字，找到本行字的最高笔画和最低笔画，来确定本行第一个字在横线格的书写位置。

3.书写时，利用辅助线（0.8cm）来界定字的书写高度，单行字的最高笔画可以超出0.8cm的辅助线，单行字的最低笔画紧贴底线。

4.需要注意的字："蟋"左窄右宽，虫居左上，右侧上下同宽，整字小笔画较多要写紧凑，不能松散；"脊"注意书写笔顺，先写左右两侧的四点，再写中间的人，上宽下窄；"敏""诲"都与母字有关，要练好母字的写法。

5.提醒学生书写时保持良好的书写习惯：书写姿势规范正确；卷面保持干净整洁；标点符号使用规范；书写具有一定速度。

第5讲 横线格书写训练（四）

一、学习目标

1.观察汉字在横线格中的大小及排列方法。

2.学会在横线格书写时，做到单字端正、匀称，通篇行款整齐、美观。

3.感受书写的魅力，激发书写兴趣，陶冶性情，保持良好的书写习惯。

二、训练指导

1.根据示范内容进行书写练习，先描摹，再临写。

2.临写之前先观察范字，找到本行字的最高笔画和最低笔画，来确定本行第一个字在横线格的书写位置。

3.书写时，利用辅助线（0.8cm）来界定字的书写高度，单行字的最高笔画可以超出0.8cm的辅助线，单行字的最低笔画紧贴底线。

4.需要注意的字：上下结构的字，竖向收短，中间收紧，上下对正；左右结构的字，横向收短，左右对应，高低不同。

5.提醒学生书写时保持良好的书写习惯：书写姿势规范正确；卷面保持干净整洁；标点符号使用规范；书写具有一定速度。

第6讲 横线格书写训练（五）

一、学习目标

1.观察汉字在横线格中的大小及排列方法。

2.学会在横线格书写时，做到单字端正、匀称，通篇行款整齐、美观。

3.感受书写的魅力，激发书写兴趣，陶冶性情，保持良好的书写习惯。

二、训练指导

1.根据示范内容进行书写练习，先描摹，再临写。

2.临写之前先观察范字，找到本行字的最高笔画和最低笔画，来确定本行第一个字在横线格的书写位置。

3.书写时，借助辅助线来界定字的书写高度，保持行水平；临写时，脱离辅助线，先做到上下对齐。

4.需要注意的字：上下结构的字，竖向收短，中间收紧，上下对正；左右结构的字，横向收短，左右对应，高低不同。

5.提醒学生书写时保持良好的书写习惯：书写姿势规范正确；卷面保持干净整洁；标点符号使用规范；书写具有一定速度。

第7讲 横线格书写训练（六）

一、学习目标

1.观察汉字在横线格中的大小及排列方法。

2.学会在横线格书写时，做到单字端正、匀称，通篇行款整齐、美观。

3.感受书写的魅力，激发书写兴趣，陶冶性情，保持良好的书写习惯。

二、训练指导

1.根据示范内容进行书写练习，先描摹，再临写。

2.临写之前先观察范字，找到本行字的最高笔画和最低笔画，来确定本行第一个字在横线格的书写位置。

3.需要注意的字：本课段落较多，每段段首空两字符；"素鹭蓑嗜惠美"注意竖向收短，上下对正；"鹭"字路写扁，上紧下松，字的最左点是最后一笔横，最右点是右上方的捺画；左右结构的字，横向收短，左右对应，高低不同。

4.提醒学生书写时保持良好的书写习惯：书写姿势规范正确；卷面保持干净整洁；标点符号使用规范；书写具有一定速度。

第8讲 横线格书写训练（七）

一、学习目标

1.观察汉字在横线格中的大小及排列方法。

2.学会在横线格书写时，做到单字端正、匀称，通篇行款整齐、美观。

3.感受书写的魅力，激发书写兴趣，陶冶性情，保持良好的书写习惯。

二、训练指导

1.根据示范内容进行书写练习，先描摹，再临写。

2.临写之前先观察范字，找到本行字的最高笔画和最低笔画，来确定本行第一个字在横线格的书写位置。

3.需要注意的字：本课段落较多，每段段首空两字符；上下结构的字，竖向收短，中间收紧，上下对正；左右结构的字，横向收短，左右对应，高低不同。

4.提醒学生书写时保持良好的书写习惯：书写姿势规范正确；卷面保持干净整洁；标点符号使用规范；书写具有一定速度。

三、课堂总结

1.横线格书写技巧：段首空两格；字距小，行距大；大小依形，重心平；首尾对齐。

2.在横线格书写时，可以写得稍窄长，保持单字端正，横画或者横向伸展的笔画，可适当缩短。

3.在熟练掌握楷书书写的情况下，可适当增加一些笔画的连带关系，增加连续书写和节奏训练。

第9讲 作文格书写技巧

一、学习目标

1.观察汉字在作文格中的大小及排列方法。

2.学会在作文格书写时，做到单字端正、匀称，通篇行款整齐、美观。

3.感受书写的魅力，激发书写兴趣，陶冶性情，保持良好的书写习惯。

二、书写指导

观察书写示范，总结作文格书写技巧。

1.常用作文格的大小是 0.75cm*0.8cm，书写时可以将汉字写得稍窄长。作文格中汉字第一笔的书写位置很关键，在格的左上方。

2.书写时，字在作文格的中间，字的最外侧笔画不接触作文格的四个边框线。字写过小，会导致清晰度降低，影响阅卷机器的识别。

有	些	人	家	，	在	屋	后	种	几	十	枝	竹	，	绿	的	叶	，
青	的	竿	，	投	下	一	片	浓	浓	的	绿	荫	。	几	场	春	雨	过	后	，
到	那	里	走	走	，	你	常	常	会	看	见	许	多	鲜	嫩	的	笋	，	成

3.书写时，根据汉字本身的形状去占位，笔画多的字写大，笔画少的字写小，扁方

形字写宽，长方形字写窄。

> 有些人家，在屋后种几十枝竹，绿的叶，青的竿，投下一片浓浓的绿荫。几场春雨过后，到那里走走，你常常会看见许多鲜嫩的笋，成

4. 书写时，首行空位两格，整体要保持横成行，竖成列；每行字左右重心水平，每列字上下重心对正。

> ○○有些人家，在屋店种几十枝竹，绿的叶，青的竿，投干一片浓浓的绿荫。几场春雨过后，到那里走走，你常常会看见许多鲜嫩的笋，成群地从土里探出头来。

三、句段练习

1. 根据示范内容进行书写练习，先描摹，再临写。

2. 临写之前先观察范字，思考清楚汉字的结构与笔画的位置。

3. 需要注意的字："围门闽团围圆们铺"右侧有横平竖直的横折或横折钩时，竖要写垂直，或者可以稍向右倾斜，字左侧的竖画可有向左的态势，与右倾的竖对应；"利剧前"竖钩在右，不论长短一般都是最低笔画。

4. 提醒学生书写时保持良好的书写习惯：书写姿势规范正确；卷面保持干净整洁；标点符号使用规范；书写具有一定速度。

5. 标点符号单独占格，所有标点符号都不要碰着方格的边线。逗号、顿号、句号，占格的左下位置；问号、感叹号、后括号、后书名号，占格子左侧一半位置；前括号、前书名号，占格的右侧一半位置；前引号占格的右上位置；后引号占格的左上位置，当格内有其他标点时，后引号占格的右上位置。逗号、顿号、句号、分号、冒号、问号、感叹号、后括号、后书名号、后引号，不能出现在一行的开头，要挤在上一行的末尾。前括号、前书名号、前引号不要出现在一行的末尾。省略号、破折号，不要将其分成两

半出现在两行。

四、知识拓展

了解各种汉字的起源与汉字的演变。

五、课堂总结

作文格书写时，字尽量写大，但是保证字不出格；字形稍窄长，保持单字端正。

第10讲 作文格书写训练（一）

一、学习目标

1.观察汉字在作文格中的大小及排列方法。

2.学会在作文格书写时，做到单字端正、匀称，通篇行款整齐、美观。

3.感受书写的魅力，激发书写兴趣，陶冶性情，保持良好的书写习惯。

二、训练指导

1.根据示范内容进行书写练习，先描摹，再临写。

2.临写之前先观察范字，找到作文格中汉字第一笔的书写位置。

3.本课需要注意的字：笔画书写精准到位；上下结构的字，竖向收短，中间收紧，上下对正；左右结构的字，横向收短，左右对应，高低不同。

4.提醒学生书写时保持良好的书写习惯：书写姿势规范正确；卷面保持干净整洁；标点符号使用规范；书写具有一定速度。

5.标点符号单独占格，所有标点符号都不要碰着方格的边线。逗号、顿号、句号，占格的左下位置；问号、感叹号、后括号、后书名号，占格子左侧一半位置；前括号、前书名号，占格的右侧一半位置；前引号占格的右上位置；后引号占格的左上位置，当格内有其他标点时，后引号占格的右上位置。逗号、顿号、句号、分号、冒号、问号、感叹号、后括号、后书名号、后引号，不能出现在一行的开头，要挤在上一行的末尾。前括号、前书名号、前引号不要出现在一行的末尾。省略号、破折号，不要将其分成两半出现在两行。

三、知识拓展

了解篆、隶、楷、行、草五种书体。

第 11 讲 作文格书写训练（二）

一、学习目标

1. 观察汉字在作文格中的大小及排列方法。

2. 学会在作文格书写时，做到单字端正、匀称，通篇行款整齐、美观。

3. 感受书写的魅力，激发书写兴趣，陶冶性情，保持良好的书写习惯。

二、训练指导

1. 根据示范内容进行书写练习，先描摹，再临写。

2. 临写之前先观察范字，找到作文格中汉字第一笔的书写位置。

3. 本课需要注意的字：笔画书写精准到位；"这越近健送远还过边"的平捺写舒展；"我忘母鸡学家盈"的钩画要写规范；上下结构的字，竖向收短，中间收紧，上下对正；左右结构的字，横向收短，左右对应，高低不同；包围结构的字，重心平稳，大小匀称。

4. 提醒学生书写时保持良好的书写习惯：书写姿势规范正确；卷面保持干净整洁；标点符号使用规范；书写具有一定速度。

5. 标点符号单独占格，所有标点符号都不要碰着方格的边线。逗号、顿号、句号，占格的左下位置；问号、感叹号、后括号、后书名号，占格子左侧一半位置；前括号、前书名号，占格的右侧一半位置；前引号占格的右上位置；后引号占格的左上位置，当格内有其他标点时，后引号占格的右上位置。逗号、顿号、句号、分号、冒号、问号、感叹号、后括号、后书名号、后引号，不能出现在一行的开头，要挤在上一行的末尾。前括号、前书名号、前引号不要出现在一行的末尾。省略号、破折号，不要将其分成两半出现在两行。

三、知识拓展

了解为什么书法要先学楷书。

第 12 讲 作文格书写训练（三）

一、学习目标

1. 观察汉字在作文格中的大小及排列方法。

2. 学会在作文格书写时，做到单字端正、匀称，通篇行款整齐、美观。

3. 感受书写的魅力，激发书写兴趣，陶冶性情，保持良好的书写习惯。

二、训练指导

1. 根据示范内容进行书写练习，先描摹，再临写。

2. 临写之前先观察范字，找到作文格中汉字第一笔的书写位置。

3. 本课需要注意的字：笔画书写精准到位；上下结构的字，竖向收短，中间收紧，上下对正；"蒙臂黑望靠等青着"书写时，横画等距，横画之间的距离要小，中间有竖的，竖要写短；左右结构的字，横向收短，左右对应，高低不同；包围结构的字，重心平稳，大小匀称。

4. 提醒学生书写时保持良好的书写习惯：书写姿势规范正确；卷面保持干净整洁；标点符号使用规范；书写具有一定速度。

5. 标点符号单独占格，所有标点符号都不要碰着方格的边线。逗号、顿号、句号，占格的左下位置；问号、感叹号、后括号、后书名号，占格子左侧一半位置；前括号、前书名号，占格的右侧一半位置；前引号占格的右上位置；后引号占格的左上位置，当格内有其他标点时，后引号占格的右上位置。逗号、顿号、句号、分号、冒号、问号、感叹号、后括号、后书名号、后引号，不能出现在一行的开头，要挤在上一行的末尾。前括号、前书名号、前引号不要出现在一行的末尾。省略号、破折号，不要将其分成两半出现在两行。

三、知识拓展

了解楷书名家欧阳询。

第 13 讲 作文格书写训练（四）

一、学习目标

1. 观察汉字在作文格中的大小及排列方法。

2. 学会在作文格书写时，做到单字端正、匀称，通篇行款整齐、美观。

3. 感受书写的魅力，激发书写兴趣，陶冶性情，保持良好的书写习惯。

二、训练指导

1. 根据示范内容进行书写练习，先描摹，再临写。

2. 临写之前先观察范字，找到作文格中汉字第一笔的书写位置。

3. 本课需要注意的字：笔画书写精准到位；上下结构的字，竖向收短，中间收紧，上下对正；左右结构的字中，"嘲毅勘测哪概满修"横画较多，要收短，书写时，要先找到有对应关系的笔画；包围结构的字，重心平稳，大小匀称。

4. 提醒学生书写时保持良好的书写习惯：书写姿势规范正确；卷面保持干净整洁；标点符号使用规范；书写具有一定速度。

5. 标点符号单独占格，所有标点符号都不要碰着方格的边线。逗号、顿号、句号，占格的左下位置；问号、感叹号、后括号、后书名号，占格子左侧一半位置；前括号、前书名号，占格的右侧一半位置；前引号占格的右上位置；后引号占格的左上位置，当格内有其他标点时，后引号占格的右上位置。逗号、顿号、句号、分号、冒号、问号、感叹号、后括号、后书名号、后引号，不能出现在一行的开头，要挤在上一行的末尾。前括号、前书名号、前引号不要出现在一行的末尾。省略号、破折号，不要将其分成两半出现在两行。

三、知识拓展

了解天下第一行书《兰亭序》。

第 14 讲 作文格书写训练（五）

一、学习目标

1.观察汉字在作文格中的大小及排列方法。

2.学会在作文格书写时，做到单字端正、匀称，通篇行款整齐、美观。

3.感受书写的魅力，激发书写兴趣，陶冶性情，保持良好的书写习惯。

二、训练指导

1.根据示范内容进行书写练习，先描摹，再临写。

2.临写之前先观察范字，找到作文格中汉字第一笔的书写位置。

3.本课需要注意的字：笔画书写精准到位；上下结构的字，竖向收短，中间收紧，上下对正；左右结构的字，横向收短，左右对应，高低不同；包围结构的字，重心平稳，大小匀称。

4.提醒学生书写时保持良好的书写习惯：书写姿势规范正确；卷面保持干净整洁；标点符号使用规范；书写具有一定速度。

5.标点符号单独占格，所有标点符号都不要碰着方格的边线。逗号、顿号、句号，占格的左下位置；问号、感叹号、后括号、后书名号，占格子左侧一半位置；前括号、前书名号，占格的右侧一半位置；前引号占格的右上位置；后引号占格的左上位置，当格内有其他标点时，后引号占格的右上位置。逗号、顿号、句号、分号、冒号、问号、感叹号、后括号、后书名号、后引号，不能出现在一行的开头，要挤在上一行的末尾。前括号、前书名号、前引号不要出现在一行的末尾。省略号、破折号，不要将其分成两半出现在两行。

三、知识拓展

了解《中小学书法教育指导纲要》中的基本理念内容。

第 15 讲 作文格书写训练（六）

一、学习目标

1. 观察汉字在作文格中的大小及排列方法。

2. 学会在作文格书写时，做到单字端正、匀称，通篇行款整齐、美观。

3. 感受书写的魅力，激发书写兴趣，陶冶性情，保持良好的书写习惯。

二、训练指导

1. 根据示范内容进行书写练习，先描摹，再临写。

2. 临写之前先观察范字，找到作文格中汉字第一笔的书写位置。

3. 本课需要注意的字：笔画书写精准到位；上下结构的字，竖向收短，中间收紧，上下对正；左右结构的字，横向收短，左右对应，高低不同；包围结构的字，重心平稳，大小匀称；"据谓绩懂聪解就断数坚努资篇熟透"复杂结构的字，要注意各部件的宽窄比例与大小关系，笔画交代清楚。

4. 提醒学生书写时保持良好的书写习惯：书写姿势规范正确；卷面保持干净整洁；标点符号使用规范；书写具有一定速度。

5. 标点符号单独占格，所有标点符号都不要碰着方格的边线。逗号、顿号、句号，占格的左下位置；问号、感叹号、后括号、后书名号，占格子左侧一半位置；前括号、前书名号，占格的右侧一半位置；前引号占格的右上位置；后引号占格的左上位置，当格内有其他标点时，后引号占格的右上位置。逗号、顿号、句号、分号、冒号、问号、感叹号、后括号、后书名号、后引号，不能出现在一行的开头，要挤在上一行的末尾。前括号、前书名号、前引号不要出现在一行的末尾。省略号、破折号，不要将其分成两半出现在两行。

三、知识拓展

了解钢笔书写的三要素：线条、结构、章法。

第 16 讲 作文格书写训练（七）

一、学习目标

1. 观察汉字在作文格中的大小及排列方法。

2. 学会在作文格书写时，做到单字端正、匀称，通篇行款整齐、美观。

3. 感受书写的魅力，激发书写兴趣，陶冶性情，保持良好的书写习惯。

二、训练指导

1.根据示范内容进行书写练习，先描摹，再临写。

2.临写之前先观察范字，找到作文格中汉字第一笔的书写位置。

3.本课需要注意的字：笔画书写精准到位；上下结构的字，竖向收短，中间收紧，上下对正；左右结构的字，横向收短，左右对应，高低不同；包围结构的字，重心平稳，大小匀称；"不么人只一个才八十七天上失也平凡生了工开白干中力己"笔画数较少的字，要注意根据字形结构占位，通过本身字形均匀地划分空间，使卷面清晰整洁。

4.提醒学生书写时保持良好的书写习惯：书写姿势规范正确；卷面保持干净整洁；标点符号使用规范；书写具有一定速度。

5.标点符号单独占格，所有标点符号都不要碰着方格的边线。逗号、顿号、句号，占格的左下位置；问号、感叹号、后括号、后书名号，占格子左侧一半位置；前括号、前书名号，占格的右侧一半位置；前引号占格的右上位置；后引号占格的左上位置，当格内有其他标点时，后引号占格的右上位置。逗号、顿号、句号、分号、冒号、问号、感叹号、后括号、后书名号、后引号，不能出现在一行的开头，要挤在上一行的末尾。前括号、前书名号、前引号不要出现在一行的末尾。省略号、破折号，不要将其分成两半出现在两行。

三、知识拓展

了解规范汉字中偏旁部首的概念。

四、课堂总结

1.作文格书写技巧：段首空两格；大小依形，重心平。

2.在作文格书写时，可以写得稍窄长，保持单字端正，横画或者横向伸展的笔画，可适当缩短。

3.作文格通过汉字本身的形状来增加整体卷面的清晰度，书写时要根据汉字笔画数的多少和形状来适当留白。

（三）软笔部分 五年级

第1讲 偏旁部首（口字旁）

一、学习目标

1. 学会口字旁的书写方法和规律。

2. 掌握口字旁在示范字中的使用方法。

3. 感受书法的魅力，陶冶性情，传承优秀传统文化，增强文化自信和爱国情感。

二、学习重点、难点

口字旁的写法以及在示范字中的书写应用。

三、实操建议

视频演示和讲解示范字：

口字旁： 轻起写左短竖；横折处横画略轻于折部竖画，折部突出，竖画较短；左右两短竖均向内收；底横右部或明显或不明显，口部呈倒梯形，整字微向右上倾斜。

呈： 口字不写严，整字写得要规整，折部呈外圆内方；底下王字上横改为短撇或平撇，中横与短撇长短相等，微向右上倾斜，下部长横略长，起笔略重，中间微轻，至末端加重，行笔较平稳，下方王字呈三角形（王字短撇与长横有一种聚焦之势，若短撇向左下延伸正好与长横相交）。

味： 口部轻起笔略倾斜写短竖，横折向右上倾斜且横部较轻，折处不明显，竖画垂直，口部封严；短横平行向右上倾斜，第二短横起笔位置略探出第一短横，竖钩起笔靠上，斜切起笔，和两短横交叉位置在横画中间靠右处，中锋行笔，粗细有变化，至末端，略加重，向右上推出小钩，似有似无，很难掌握，可多加以练习，撇捺在竖画与第二短横交叉处起笔，撇捺开合很大，撇尖捺脚宽度最大，中竖最长，撇捺舒张，捺画较长，往右下送出。口部与右侧两短横同角度同方向倾斜。

善： 上下结构。最上两点相呼应；上部三横等距平行分布，微向右上倾斜，二横较短，中竖写在横画中间略靠右，中间长横起笔、收笔略重，中间较轻；点、撇写在长横上；口字不封严，整体平稳，竖、折内收，两横平行。

四、课堂总结

示范字中口部分别分布在上、左、下三个位置，也是口部偏旁字主要摆放位置。呈字口部在上侧，则上部居中，上下匀称，最下长横略长，以作承托，口部略显厚重凝实；味字口部居左上，略轻，且呈倾斜之势，右侧中正，左右两部呈一斜一正的变化；善字口部居下，中部长横较重，长横以承托上部，覆盖下部，此字口部较为平稳。

第 2 讲 偏旁部首（王字旁）

一、学习目标

1. 学会王字旁的书写方法和规律。

2. 掌握王字旁在示范字中的使用方法。

3. 感受书法的魅力，陶冶性情，传承优秀传统文化，增强文化自信和爱国情感。

二、学习重点、难点

王字旁的写法以及在示范字中的书写应用。

三、实操建议

视频演示和讲解示范字：

王字旁：上两短横一提均向右上倾斜，中竖写在横画正中或靠右，下部提画略向左下探出于上部两短横。

珠：左侧王部两短横一提均向右上倾斜。中竖写在笔画正中，右侧短撇不出锋，两短横均向右上倾斜且平行，第二短横微长于第一短横，中竖修长至尾部，向右下略顿向左上挑出，撇捺起笔处在中竖与第二横交叉点上，撇短捺长。注意字的大小以及疏密关系，左小右大。

瑣：左右结构。左侧两横平行，向右上倾斜；中竖在两横中间位置；提画起笔处略向左探出，整体向上；右侧平切起笔写短竖，且两边点撇呼应，不宜过宽；四短横均向右上倾斜，平行等距，中间两短横用力较轻，第四短横探出于左侧竖画；两竖平行垂直，左细右粗，左短右长；短撇在左侧短竖下方起笔，斜点点尾探出最右侧。

理：左右结构，左窄右宽，呈正方形；左侧王部略高，写窄；两短横略短；竖画起笔两横中间靠右；提画角度较大；右侧里部横较平，横横等距平行；长竖居中；两短竖向内收。

瑞：左右结构，左窄右宽，左低右高；左侧王部略窄，两短横略向上斜；提画略轻；竖画垂直中正；右侧山字为倒山，竖画均向左下倾斜，平行等距；下边的而字呈上窄下宽，横画较平稳，力度轻；下部四竖平行等距，中间两竖略短，左右短竖略向内收。

四、课堂总结

大部分王部均居主字左侧，在欧楷中，王部书写较窄且修长，右部则厚重宽大，左部倾斜右部中正，部首部分注意最后提画的写法，与右侧呼应，本讲示范字中，均为左松右紧的态势。

第3讲 偏旁部首（日字旁）

一、学习目标

1.学会日字旁的书写方法和规律。

2.掌握日字旁在示范字中的使用方法。

3.感受书法的魅力，陶冶性情，传承优秀传统文化，增强文化自信和爱国情感。

二、学习重点、难点

日字旁的写法以及在示范字中的书写应用。

三、实操建议

视频演示和讲解示范字：

日字旁：顿起或轻起写左侧短竖，横折横画较短，至折处微加重，垂直向下与左侧短竖平行，中间横画取左侧短竖中间或微靠上，末笔提画微探出于左侧竖画，提画末端可与右侧竖画相连或不相连。

時：左右结构，左窄右宽，左低右高；左侧日部整体窄，首笔短竖，顿入笔，直下行；横略短，折处顿笔垂直下行，比第一竖略长；中间短横取竖画中间位置；提画上扬；右侧，短横微上扬，二横平行且向上倾斜，横中起短竖；寸部短横上扬；横尾起竖钩，略长且垂直中正，出钩小，短横之下写点。

暉：左右结构，左窄右宽，左小右大；左侧日部整体窄，首笔短竖，顿入笔，直下行；横略短，折处顿笔垂直下行，比第一竖略长；中间以点作横；提画上扬；右侧軍部，秃宝盖首点立，向下点；横起点中，勿相连，右行运笔，顿笔起钩；下写短横，左短竖微向内收；横折的折笔微内收，左右短竖内拢，横横平行等距，长短有别，中竖起横中，竖中正。

暎：左右结构，左窄右宽；左侧日部窄长，左竖略短；右竖略长，且直而劲挺；横画较短，底横写成提画，斜向右上与右侧呼应；右侧英部，上写相向点，左右呼应，左低右高；轻入笔，写短横；短竖内倾与横折的折笔相呼应，上大下小；短竖中正写中间；底横最长，微上扬，三横平行等距；撇点与斜点相对应，左高右低，斜点最低，行笔较重，以使整个字平衡。

四、课堂总结

日字窄长，且居左侧，左竖短，右竖长，左低右高，当右侧主笔为竖画时，左侧日字旁应书写略小，若右部末笔为点画和其他笔画时，日字书写应和右侧等高，将整字变得方正。

第 4 讲 偏旁部首（单立人）

一、学习目标

1.学会单立人的书写方法和规律。

2.掌握单立人在示范字中的使用方法。

3.感受书法的魅力，陶冶性情，传承优秀传统文化，增强文化自信和爱国情感。

二、学习重点、难点

单立人的写法以及在示范字中的书写应用。

三、实操建议

视频演示和讲解示范字：

单立人： 短撇较长，且较平，顿切起，调中锋，匀速逐渐变轻，向左侧撇出，短竖轻起，逐渐加重，至末端向左上回锋收笔，作垂露竖或长或短。

仁： 短撇较长，且较平，顿切起，调中锋，匀速逐渐变轻，向左侧撇出，短竖轻起，逐渐加重，至末端向左上回锋收笔，右侧书写较重，两横平行且向右上倾斜，第二横略长于第一横，第二横要写得厚重凝实。左右距离空间较大。

作： 左右结构，左窄右宽，左低右高；左侧单立人短撇重起轻收，下部垂露竖取上部短撇中间微靠下位置；右侧乍字短撇起笔略高于左侧偏旁部分，略有弧度，右侧短横轻起重行回锋，下部垂露竖取撇横交点位置下方，且与左侧偏旁部分平行，右部两短横上居中，下靠底。整字右侧略高于左侧。

仰： 左右结构。单立人撇画轻起轻收，不宜过长，垂露竖取撇画中间微靠下位置；中部短横较小类点画，竖提竖画顿切起笔，调中锋至提处二次发力向右上提出，提头较方较大；右部单耳旁横折起笔较轻，折部突出，竖画略带弧度，行笔不宜过长，与中部竖提最底端相对，长竖较长，或作垂露竖，或作悬针竖。左中右紧凑。

佳： 左半部短撇平头略重起笔，撇画较短，竖画取短撇中间略靠下位置，粗细均匀。右部三短横平行等长，取平稳之势，中竖较长，略过于左部，行笔较重，与上三横中间交叉，最后长横取左低右高之势，收笔处略重，左右中间留白空间较大，不可太过于靠近。

仞： 左半部短撇平头略重起笔，撇画较短，竖画取短撇中间略靠下位置，粗细均匀。右侧刃字横部左低右高，起笔处略重，至折处轻提下压，向左下写竖至末端略顿，调锋向左上挑出，挑钩与中间短撇作呼应，撇画起笔在横折横部中间靠左的位置，点画取撇画中间交叉。

侍： 左右结构，左窄右宽，左低右高；左侧平切写短撇，撇中间正下位置轻起写竖。右侧寺字三横等距平行且长短不一，中间横画较长，三横平行匀称，上部短竖重起轻收，居上部横画正中位置，下部竖钩行笔较重，在下部横画靠近尾端起笔，竖钩与内部点画相呼应，保持整字重心居中。

四、课堂总结

单立人在示范字中的两种形态：仁、仞、仰三字偏旁部垂露竖较短，右部较为厚实，笔画较少，左侧撇画略长，竖画取中间靠下位置；作、侍、佳偏旁部首竖画较长，且与右侧竖画平行。

第5讲 偏旁部首（双立人）

一、学习目标

1.学会双立人的书写方法和规律。

2.掌握双立人在示范字中的使用方法。

3.感受书法的魅力，陶冶性情，传承优秀传统文化，增强文化自信和爱国情感。

二、学习重点、难点

双立人的写法以及在示范字中的书写应用。

三、实操建议

视频演示和讲解示范字：

双立人：与单立人写法相似，唯独上方多一短撇或点撇，两撇中间有一种笔断意连相呼应的关系，下部竖画略短，起笔位置在最上短撇撇尖正下方。

從：左右结构，上合下开；左侧双人旁，重心在一条直线上，首笔点撇、二笔短撇、竖画三者呈垂直分布；右侧上部垂点立与撇点相对，短横勿长，提撇相呼应，捺画顿切起笔略直行，微折向右下逐渐加重行笔，捺画较长较平。

得：左右结构，左窄右宽，上开下合，左低右高；左侧双人旁短撇、长撇、竖重心在同一直线上；右侧上方写日，短横勿长，五横平行微上扬，横折下起竖钩，竖直出钩小，长横起笔处写下点。

徐：左右结构，左窄右宽，左低右高；左侧双人旁，整体窄，短撇、撇、竖重心在一条直线上；右侧，平切入笔，撇短，撇头下起捺，捺伸展；首横短；二横稍长；两横平行，微上扬；竖钩出头贯中，出钩小；左右两点，左低右高。

往：左右结构，左窄右宽，左低右高，上合下开；左侧双人旁，短撇、长撇、短竖三笔重心连成一线，微向左下倾斜；右侧首横短，微上扬；二横平行，中竖起高，垂直；第三横稍长，三横等距平行微上扬。

徒：左右结构，左窄右宽，上合下开，左低右高；左侧双人旁，短撇、撇、竖重心在一条直线上，微左倾斜；右侧上部，短横左低右高，微上扬，横中起竖最高。二横稍长上扬，与短横平行。提、撇相呼应，捺画伸展，出捺脚，把整个字拉正。

四、课堂总结

写法类似单立人，示范字中左右高低相差不大，且两短撇有相呼应的关系，其中從、往、徐、徒偏旁的写法相同，得字最上短撇作点撇，左右两侧保持字的方正，不宜距离过远。

第6讲 偏旁部首（木字旁）

一、学习目标

1.学会木字旁的书写方法和规律。

2.掌握木字旁在示范字中的使用方法。

3.感受书法的魅力，陶冶性情，传承优秀传统文化，增强文化自信和爱国情感。

二、学习重点、难点

木字旁的写法以及在示范字中的书写应用。

三、实操建议

视频演示和讲解示范字：

木字旁：顿切起笔写短横，微向右上倾斜，中间竖画顿切起笔，调中锋行笔，至末端微挑出，亦可作垂露竖，位置取横画右侧靠近于末端，钩处提出方向与撇画相呼应，起笔位置在横竖交叉点，撇画不宜过长，点画取撇竖夹角处。

相：左右结构，左高右低，左窄右宽；左侧木字旁，短横左低右高，横尾起竖，出钩小，撇舒展，点小；右侧目，竖短且直，横折中横微上扬，顿笔折下竖，折角外圆内方，两竖垂直中正，两短横等距，底横封口。

杖：左右结构，左窄右宽，左低右高；左侧短横上扬，横尾起竖，竖钩小；交点处起笔写撇；点画写在交点以下；右侧短横写高，微上扬；竖撇写高，下行至下部撇出；横头之下起笔写捺，捺画伸展至右下出捺脚。

衿：左右结构；左侧部分不是木字旁，书写时没有点，短横微上扬，横尾起竖，出钩小，横竖交点写撇，勿长；右侧右上起撇稍立；捺画长，注意轻入笔后稍重；两点均匀写在右侧中线上。

栋：左右结构，左低右高，左窄右宽；左侧木字旁，短横上扬，短横中写竖，撇伸展，字形窄；右侧柬字上写短横，短横上扬，竖内收，与横折相对应，四横平行等距微上扬，中竖起高，竖直出钩小，撇短捺伸展。

四、课堂总结

相、棟、杖此三字右侧均为主体字，木部取避让之势，右部若笔画较多时，左侧偏旁处应书写较小较轻，若右部笔画较少时，则左侧书写较为厚重。於字较为特别，左部应该为方字，不应为木部，这是古人将此字简写或艺术化的写法。

第 7 讲 偏旁部首（木字底）

一、学习目标

1. 学会木字底的书写方法和规律。

2. 掌握木字底在示范字中的使用方法。

3. 感受书法的魅力，陶冶性情，传承优秀传统文化，增强文化自信和爱国情感。

二、学习重点、难点

木字底的写法以及在示范字中的书写应用。

三、实操建议

视频演示和讲解示范字：

木字底：横画较长，顿切起笔，调中锋微向右上倾斜起笔，末端略重，竖钩起笔在横画正中位置，竖钩略短，钩部突出，且与左侧垂点相呼应，左侧垂点与右侧斜点对称排列，且左右点均在横画以下。

架：上下结构；上部，左边力字横折钩，短横左低右高，微上扬，折竖向左倾；口字左低右高，短竖向右倾斜；横折横上扬；竖向左倾斜；两横平行；下半部分木字，长横左低右高，微上扬，长横最长；中竖钩垂直中正，出钩小；两点左低右高，左右匀称。

案：上下结构；上半部分安字，左上竖点；点后起短横，出钩小；撇贯横上，长且伸展；二撇小，且弯，长横最长。下半部分木字，横相对较短；横中写竖钩垂直中正，出钩小；左右两点，左低右高。

棄：上下结构；上部，最高处写短横，二横稍长；撇提要写小；点小；下面三短竖富于变化，中竖中正，两侧竖内收；横最长，贯穿短竖，左低右高，向上扬；下部木字底，起短横，微上扬；竖中正，出钩小；左右点左低右高，左小右大。

渠：上下结构；上半部分左侧三点水较小；右侧巨字较为宽大，横画部分平行等距，竖画略带弯弓之势，左右紧凑。下部木字底长横较长，承托上部，竖钩取横画中间靠右位置，且避让巨字竖画，左右两点相呼应。整字正方，下部较扁。

四、课堂总结

架、渠二字，上部没有较长的横画，则下部木字底横画写长以作承托；案和棄中间有一长横主笔，木字底长横则写短，凡遇到此种有一主笔加长时，木字底则长横变短横，与上主笔不相冲突。

第8讲 偏旁部首（禾字旁）

一、学习目标

1. 学会禾字旁的书写方法和规律。

2. 掌握禾字旁在示范字中的使用方法。

3. 感受书法的魅力，陶冶性情，传承优秀传统文化，增强文化自信和爱国情感。

二、学习重点、难点

禾字旁的写法以及在示范字中的书写应用。

三、实操建议

视频演示和讲解示范字：

禾字旁：左上写平撇或短撇，横画顿切起笔，向右上微倾斜，竖画起笔在横画中间靠右位置或末端与横画交叉垂直向下，钩处不宜太过明显，左侧撇画与右侧点画均在横竖交叉点靠下位置起笔，撇画不宜过长。

和：左右结构，左高右低，上开下合；左侧，左上写平撇，小而平；短横左低右高；横中起竖钩，出钩小；右侧，口字上大下小，写在中间位置；短竖内收，向右倾斜；横取平势折内收，向左倾斜；底横行笔平。

穰：左右结构，左窄右宽；左侧较窄，中正；左上平撇，小而平；短横，左低右高；平撇中间写竖钩，出钩小；右侧分上下两部分，笔画较多；右上止字主笔短竖要垂直中正；竖中左起短竖，横托底，微上扬；竖中写横点；右侧下半部分，首笔写撇，小而短；上横长，二横短，横横平行微上扬；第二短横靠近起笔处写竖；左点立；右点在左上；斜钩长且伸展，起笔右中，出钩向上。

四、课堂总结

部首中有两短撇，上部可作平撇或短撇，横画的长短取决于右侧部分笔画的多少，多时则横画较短，少时则加长，上侧短撇和横画相距不宜太远，示范字中注意穰字的写法，注意两字的方正。

第9讲 偏旁部首（宝盖）

一、学习目标

1. 学会宝盖的书写方法和规律。

2. 掌握宝盖在示范字中的使用方法。

3. 感受书法的魅力，陶冶性情，传承优秀传统文化，增强文化自信和爱国情感。

二、学习重点、难点

宝盖的写法以及在示范字中的书写应用。

三、实操建议

视频演示和讲解示范字：

宝盖： 起笔平头向下垂直写点，呈倒三角形，左侧垂点垂直向下，向左上回锋收笔，横折横部略细，向右上倾斜，折处向上轻提下压，向左下出锋。

宫： 平头向下垂直写点，呈倒三角形，左侧垂点垂直向下，向左上回锋收笔，横折横部略细，向右上倾斜，折处向上轻提下压，向左下出锋。下部吕字第一口取左低右高呈倒梯形，两竖向中间内拢，微向右上倾斜，下部口字略大于上部口字，取平稳之势，口部封严。整字最宽处在上部偏旁处，下部取中间靠左。

官： 上点取宝盖长横中点靠左的位置，折处呈外圆内方，向右上倾斜。下部左侧竖画略粗，不宜太长，右侧两口均向内拢，上小下大，且上口呈开合状，下口封闭，竖画靠左，右侧加重，保持字的平衡。

寶： 偏旁部分左低右高，行笔较轻，宝盖第一点取横折中间靠左位置，呈左短右长；中部比部首略窄，左低右高，左右大小相等，贝字则小于中间部分，呈递次变窄，整字分上中下三部，整字不宜过长。

察： 宝盖取左低右高之势，且折部较为突出，点不居中，在中点靠左位置，下部祭字部分撇捺向左右探出于宝盖，左低右高，当遇到宝盖下部有长横与撇捺时，宝盖尽量向内收，下部示字两点要宽于两短横，宝盖下部要写紧凑，长撇弧度较大，注意力度掌握。其中点画较多，注意点画的呼应。

四、课堂总结

九成宫中，宝盖部首较为难写且形态各异，与下部字的结合也是各不相同，示范字中，宫、官、寶偏旁均覆盖下部，察字中部撇捺开张，若字中有长横或撇捺时，均要长于宝盖部。

第 10 讲 偏旁部首（金字旁）

一、学习目标

1. 学会金字旁的书写方法和规律。

2. 掌握金字旁在示范字中的使用方法。

3. 感受书法的魅力，陶冶性情，传承优秀传统文化，增强文化自信和爱国情感。

二、学习重点、难点

金字旁的写法以及在示范字中的书写应用。

三、实操建议

视频演示和讲解示范字：

金字旁：撇画较长，靠上，行笔重起轻收，点画在撇画起笔处，下部两短横取撇画中间靠下位置起笔，两短横有长短变化，中竖居中，两短横距离紧凑，下部点画与撇点相呼应，底部短横略长于上部两短横，左部微呈左低右高之势。

金：撇画较平，捺画捺脚不宜过长，撇捺夹角大概为 90°，撇短捺长，下侧上部两短横向右上倾斜，注意长短变化，中竖行笔较重，取短横中间靠右位置，下部空隙较大，两点相对且呼应，最末长横要写得平稳，略长于上部两短横，整字呈上大下小，撇捺舒展。

铭：金字旁撇画较长，靠上，行笔重起轻收，点画在撇画起笔处，下部两短横取撇画中间靠下位置起笔，两短横有长短变化，中竖居中，两短横距离紧凑，下部点画与撇点相呼应，底部短横略长于上部两短横，左部微呈左低右高之势。名字两撇平行向左，且点画取第一短撇撇尾。上下匀称第二撇画较短，收笔位置在口字起笔处，口字呈倒梯形，向内收拢。注意左右距离紧凑，左右大小匀称。

针：金字旁撇画较长，点小，倾斜角度较大，三短横次序逐步加长，且左低右高向上倾斜，两点相呼应，右侧横画较短，取左部中间位置起笔，竖画极长，为垂露竖，两者交点在横画正中位置，整字呈左宽右窄，左短右长，且紧凑。

録：左侧略显扁宽，三横均向右上倾斜，中竖取三横中间位置，两点呼应，右部三横平行，均向右上倾斜，角度较大且上部短竖向左部靠拢倾斜，底部竖画取最长横中间位置起笔，四点相呼应且姿态不同，左右大小匀称。

锡：整字呈长方形，左半部略显修长，撇画略小，三横取左低右高之势，中竖居中，两点左右呼应，右部上半部分略长，两竖平行垂直向下，短撇取两竖中间位置撇出，横折处斜向右下，二次发力，向左下折，三撇呈平行等距分布，最后撇画较长。整字左右大小匀称，右部略高。

四、课堂总结

左右结构的字，左侧部首的大小完全取决于右侧部分的大小，若右侧笔画较多时，则左部与之避让，部首部分则轻写或略小于右侧，反之则大于右侧，保持字的方正，保持整字呈正方形或长方形。

第 11 讲 偏旁部首（示字旁）

一、学习目标

1. 学会示字旁的书写方法和规律。

2. 掌握示字旁在示范字中的使用方法。

3. 感受书法的魅力，陶冶性情，传承优秀传统文化，增强文化自信和爱国情感。

二、学习重点、难点

示字旁的写法以及在示范字中的书写应用。

三、实操建议

视频演示和讲解示范字：

示字旁： 斜点靠上，横画行笔较轻且向右上倾斜，横尾与上部点尾对齐，短竖轻起逐渐加重至末端，向左上回锋收笔，竖画不宜过长，起笔位置在横画中间靠右，左侧撇画略短，微有弧度，和右侧点画均在横竖结点处起笔。

神： 第一点起笔略高，短横倾斜较大，短撇、垂露竖、斜点均在短横中间靠右位置起笔，三笔相连，左部略短，右部申字主体方框呈向内收拢的倒梯形，折部突出，内部正中短横贯穿左右，中竖将方框平分，作悬针竖，竖画较长于左部。

福： 左部略高于右部，左部起笔点与垂露竖呈垂直分布，短横向右上倾斜，短撇在短横靠近末端处起笔，斜点、垂露竖均在一处相交。右部横画较多，横画均向右上微倾斜平行排列，竖画书写规律为左细右粗，注意右部上中下三部的疏密关系。

祥： 第一点起笔略高，短横倾斜较大，短撇、垂露竖、斜点均在短横中间靠右位置起笔，三笔相连，羊字起笔略低或齐于部首最高点，且三横平行向右上倾斜，注意长短变化，悬针竖书写时要略长于部首，左右紧凑，左短右长，左小右大。

祸： 整字呈左小右大，左低右高，示字旁略小，第一点起笔略高，短横倾斜较大，短撇、垂露竖、斜点均在短横中间靠右位置起笔，三笔相连，右部上方略小，形窄长，两笔相连且折部突出，棱角分明，下部框呈开放式，上下均向右上倾斜，折处呈外方内圆，两竖中间向内弓，取相背之势，上下两部一开一合，一宽一窄，上下产生变化。

四、课堂总结

上点多为小横或斜点，左撇长且直，竖作垂露竖，竖画可对准点画略左，不可靠右，多数与点画中心垂直，神和福字左右宽窄相同，祥和祸字取左小右大且中间紧凑。

第 12 讲 偏旁部首（提手旁）

一、学习目标

1. 学会提手旁的书写方法和规律。

2. 掌握提手旁在示范字中的使用方法。

3. 感受书法的魅力，陶冶性情，传承优秀传统文化，增强文化自信和爱国情感。

二、学习重点、难点

提手旁的写法以及在示范字中的书写应用。

三、实操建议

视频演示和讲解示范字：

提手旁： 短横微向右上倾斜，轻起轻收，竖画垂直（亦可向右侧微斜），取短横中间靠右的位置相交，至末端，向左上挑出，与提画做呼应，提画亦可与竖画交叉或不交叉，提画探出于上部短横。

扶： 提手部分短横提略靠下，二者相距较近，提画提笔略轻，向左探出于上部横画，夫字二短横平行向上倾斜，二横长于一横，竖撇起笔与左侧提手等高，弧度略大，向左下撇出，捺画与撇画要舒展，且与左部提手保持在一条水平线上，两部中间略有空隙。

接： 短横微向右上倾斜，轻起轻收，竖画垂直（亦可向右侧微斜），取短横中间靠右的位置相交，至末端，向左上挑出，与提画做呼应，提画亦可与竖画交叉或不交叉，提画探出于上部短横，妾字上侧立部取左低右高之势，两短横平行向右上，中间垂点与短撇相呼应，下部女字长横行笔较重，有粗细变化。注：女字较难掌握，折角与短撇的处理多加以练习，注意字的紧凑。

撰： 左部提手开合较大，右部巽字有两个巳，开张有变化，竖折处也有变化，且左右大小相等，下部共字短竖与短撇呈向内拢势态，长横行笔粗细有变化，左低右高，长横靠下，提部最下与右侧撇点和斜点保持在一条水平线上。

扬： 提画在中竖靠下部分，偏旁部分重心靠左，右侧上半部分呈左低右高，两竖平行垂直向下，短撇取两竖中间位置，重起轻收。横折处斜向右下，二次发力，向左下折，三撇平行等距，最后撇画较长。整字呈左小右大，注意两字重心均是向下。

握： 左右高低相同，提手提画略向左探出于短横，短横与提画之间相距较远，屋字整字横多且姿态各异，长短不一，均向右上微倾斜且长短等距平行，整字呈左小右大、左松右紧之势。

挹：提手的提画行笔较重，右部上侧口部折处较轻，口字较大，下部折画较为突出，与上口字对齐，重心靠左，竖弯钩至末端加大力度，向外伸展，向上滑出。整字重心靠左，竖弯钩加重，将整字重心摆正，整字均向右上倾斜。

四、课堂总结

横画略短，竖画挺直，提画较突出，且竖钩处与提画有笔断意连的呼应，均向左探出，示范字中，有与竖画相交叉或相连接两种形态，均与竖画正中或中部靠下位置相交或相连，提手部与右侧主字部分均为等高，不可书写过短。

第 13 讲 偏旁部首（隹部）

一、学习目标

1.学会隹部的书写方法和规律。

2.掌握隹部在示范字中的使用方法。

3.感受书法的魅力，陶冶性情，传承优秀传统文化，增强文化自信和爱国情感。

二、学习重点、难点

隹部的写法以及在示范字中的书写应用。

三、实操建议

视频演示和讲解示范字：

隹部：短撇长度与左旁有关，左空则长，反之则短，左竖宜长，右竖劲直，四横较短，均匀向上靠拢，隹部不能太宽。

雒：左侧部分略小，左侧上部口字行笔较平稳，下部口字呈左低右高，上宽下窄，向内收拢，竖画较短，提画与中间口部短竖对齐，向右上挑，点画微靠上。隹字撇画较高于左侧，竖画略向下探出于左侧，最右处较窄，四横平行，最下横略长于上三横，左右书写紧凑，整字呈正方形。

雙：上侧两隹部短撇较短，四竖平行，左右四横较短，均匀向上靠拢，隹部不能太宽。书写略有变化，左小右大，下侧长撇取右侧隹字左竖下起笔，弧度较大。捺画取左侧隹部右竖下方起笔，向右下捺出，撇捺较舒展，撇尖捺脚宽于上部，且上下紧凑。

離：整字较难，笔画较多，要多加练习，此字左部最上点画在短横尾处，短横向右上倾斜，角度较大，下部短撇与斜点取短横中间靠右位置，相交叉，两框上小下大，宽度相同，下框横折探出于左竖，至折处略顿，中间竖提取下框中间位置，右部隹字撇画较高于左侧，竖画与左侧底部等高，最右处较窄，四横平行，最下横略长于上三横，整字呈左低右高、左紧右松之势。

  雜： 左半部取右上倾斜之势，且倾斜角度较大，中间书写较密，下部木字略大于上部，中竖向下微靠右，左右等高。佳部短撇不宜太长，左竖宜长，右竖劲直，四横较短，均匀向上靠拢，佳部不能太宽。

  惟： 竖画长而正直，左点居中或靠上，顺锋向下轻起，向左侧挑出回锋收笔，右点靠上，略向下斜呈俯势，两点左低右高，相互呼应。佳部短撇取中长，左竖宜短，右竖劲直，四横较短，均匀向上靠拢，佳部不能太宽。

  唯： 口字略扁，上宽下窄，两竖向内收拢，右部较大，形成鲜明对比，口字左低右高向右上倾斜，右部较中正，形成一种较险的势。佳部短撇不宜太长，左竖宜长，右竖劲直，四横较短，均匀向上靠拢，佳部较宽。

四、课堂总结

  佳部笔画较多，且均靠主字右半部，在示范字中或类似的字中，佳部左侧单立人均为长的垂露竖，切勿作悬针竖或别样姿态的竖画，且右部四横上三横短且微向右上倾斜，底部横画略长且行笔平稳。示范字中唯有雙字与其他结构不同，注意雙字的上部两佳字的布局方法。

第 14 讲 偏旁部首（貝部/見部）

一、学习目标

  1.学会貝部/見部的书写方法和规律。

  2.掌握貝部/見部在示范字中的使用方法。

  3.感受书法的魅力，陶冶性情，传承优秀传统文化，增强文化自信和爱国情感。

二、学习重点、难点

  貝部/見部的写法以及在示范字中的书写应用。

三、实操建议

  视频演示和讲解示范字：

  貝部： 顿起垂直向下写左侧短竖，横折处横画较细，起笔较轻，至折处加重，二次发力，向下垂直写竖，右侧竖部为重笔，中间两短横均与横折横部平行，中间留白距离相等，末尾横画亦可作提画，起笔探出于左侧短竖，下部短撇较轻，斜点加重，保持字的平衡。

  見部： 顿起垂直向下写左侧短竖，横折处横画较细，起笔较轻，至折处加重，二次发力，向下垂直写竖，右侧竖部为重笔，中间两短横均与横折横部平行，中间留白距离相等，末尾横画亦可作提画，起笔探出于左侧短竖，下部短撇较轻，竖弯钩起笔较轻，匀速发力圆弧过渡，逐渐加重，向右上或正上挑出或滑出。

资：上大下小，上部次字两点靠下，略低于右部欠字，且欠字左低右高向右上倾斜，两短撇呈垂直分列，反捺向右侧伸展，笔画之间有连带呼应关系，下部贝字居中，左右相对称，内短横连左不连右，两点与竖画对正。

视：短横作点，与下部长横平行向右上倾斜，短撇、竖画与点相交叉，均在中部长横末端位置起笔。见字底上宽下窄，目部较平，笔画均匀，儿部撇小钩大，撇短钩长，钩部呈外方内圆，钩画后段右伸宜空。

贞：贝字底的写法同贝字的写法，左右两竖垂直向下，左短右长，左轻右重，横折微突出，中间两横平行且与右侧不相连，最下提画探出于左竖，倾斜角度较大，下部短撇与点取左右两竖下方书写，底部在一条水平线上保持平衡，注意中间横画距离。

觌：左部倾斜较大，两横平行向右上倾斜，中竖取中间靠右位置，长撇略长，起笔处高于第一短横，且与第二短横末端交叉向左下撇出，收笔处在第二短横起笔位置下。右侧见字起笔略靠下，两竖呈内拢相背之势，短撇竖弯钩与左部下端保持一条水平线，保持字的平衡。

觏：左侧上部草字头左竖右撇，左右匀称，撇竖向内收拢，横轻竖重，中间两口，向右上倾斜且匀称，佳部撇画较长，竖画取撇画中间靠上位置起笔，右部略小，不可向右探出于上部草字头。右侧见字上宽下窄且两竖呈相背之势，中间横画微向右上倾斜，下部撇画略短，竖弯钩向右伸展，整字重心靠左，右部加重保持平衡。

贵：此字共分上下两部，上部微向右上倾斜，左右匀称，且上部口处较扁，长横承上启下，下部贝字与上侧口部呈垂直向下分列。注意整字横画较多，且姿态各不相同，空间不白，匀称且对等。

四、课堂总结

贝部示范字均取上下结构，且上宽下窄，上大下小，贝部写法基本相同，均取上部正中位置，唯注意上部与下部的大小比例。见部书写方法类似贝部，竖弯钩处较重，以保持字的平衡。

第15讲 偏旁部首（绞丝旁）

一、学习目标

1. 学会绞丝旁的书写方法和规律。

2. 掌握绞丝旁在示范字中的使用方法。

3. 感受书法的魅力，陶冶性情，传承优秀传统文化，增强文化自信和爱国情感。

二、学习重点、难点

绞丝旁的写法以及在示范字中的书写应用。

三、实操建议

视频演示和讲解示范字：

绞丝旁：顿切起笔写短平撇，撇尖处微挑顺势写短竖或点画，角度大概为90°或略大于90°，在第一短撇起笔处下方写中长撇，与上侧短撇平行，重起轻收，至末端略顿，向右上提，提画末端写斜点，或作点撇，撇提中间夹角大概为30°。下部三点，第一点可作提点或垂点，提点时三点均向右上倾斜，且三点之间有笔断意连的呼应，跨度较大，最左侧提点向左探出于上部绞丝处。下部若作垂点时，最左侧第一点为垂点，中间作挑点且与第三斜点相呼应，下部点与绞丝处等宽。示范字中还有一种将下部三点改作中间竖钩，左侧垂点，右侧斜点的写法，注意竖钩勿过长，且竖钩与左侧垂点有笔断意连的呼应。

經：左右结构，重点在右；左侧顿笔写短撇；撇尾写点；第二撇写高，较高、较长；撇尾起提；提尾出点，左侧为垂点，另两点为斜点，三点依次渐高排列；右侧右上写短横，微上扬；左写撇点；右写点；二横短；中竖粗壮，垂直；底横稍长。

紀：左右结构，左窄右宽，上开下合；左侧首笔撇纤细；撇尾写点；二撇稍长；连提点；中间写竖钩，垂直中正；左右两点左低右高；右侧己字写舒展，右上起笔写横；顿笔下折写短竖；下连短横；顿笔写竖弯钩、向右伸展，向上出钩。

純：左右结构；左侧顿笔写撇；撇尾写点；第二撇写高，较长；撇尾起提，尾部写点，三个提点渐高排列；右侧，右上写短横，微上扬；下写点连横，两横平行；竖弯钩写高，弯角圆，弯钩舒展，向右上处收笔。

終：左右结构，左低右高，左窄右宽；左侧顿笔写小撇；撇尾写小点；第二撇写高，较长；撇尾起提；提尾出点，两个提点，一斜点，三点依次渐高排列；右侧冬字，右上写撇，稍立；横折中横短写成点；顿笔出撇；捺写舒展；上下两点间距大。

緯：左右结构，左窄右宽，左低右高。左侧顿笔写短撇，撇尾写点；第二撇写高，较高、较长；撇尾起提，提尾出点，左侧为垂点，另两点为斜点，三点依次渐高排列。右侧高起横折；短横封口；中竖写高，口字较扁；上大下小；两横平行；竖内敛；下部写短横；竖向左倾斜，底横稍长；底竖中正，写长。

編：左右结构；左侧收撇粗短，撇尾写点；上写长撇连提点；中间写竖钩；左右两点，左低右高；右侧扁字，上点写短横；下面横横平行；上小下大，等距，撇画舒展写长；写短竖；起横折钩；内中写短横；两短竖写直、等距。

四、课堂总结

示范字中绞丝共有三种写法，且掌握好第一笔与第二笔及其后面的相呼应关系，绞丝处要掌握绞丝的角度和轻重关系，示范字里純、終、緯、經此四字中绞丝略小或与右部等高，编和紀的绞丝旁应高于或等高右部。

第16讲 偏旁部首（足字旁）

一、学习目标

1.学会足字旁的书写方法和规律。

2.掌握足字旁在示范字中的使用方法。

3.感受书法的魅力，陶冶性情，传承优秀传统文化，增强文化自信和爱国情感。

二、学习重点、难点

足字旁的写法以及在示范字中的书写应用。

三、实操建议

视频演示和讲解示范字

足字旁： 轻起向右下倾斜，写口部，最左侧短竖不宜过长，横折横画略细，至折处突出，口部两短竖均向内拢，下部横画向右上倾斜，向左探出于左短竖，下部止字两竖平行，左短右长，长竖起笔在口字中间位置下方，右端横改为斜点，不宜过大，左侧可作竖画和横画，亦可作竖折。

踰： 左右结构，左窄右宽，左低右高；左侧写窄，先写口字，两横上扬；竖折内收；止字竖起横中；左边二竖稍短，点小，底横微上扬；右侧俞字，右上起笔，写撇；捺画伸展；下写短横；下面四竖平行等距；竖钩出钩小。

蹈： 左右结构，左窄右宽，左低右高；左侧写窄，先写口字，两横上扬；竖折内收；止字竖起横中；左边二竖稍短，点小，底横微上扬；右侧，右上写短横，左低右高；三点均匀分布；下边短横、点提较多，均匀中正排列。

跨： 左右结构，左低右高，左窄右宽；左侧足字旁写窄，先写口字，横上扬；竖折内收；止字竖起横中；左边二竖稍短；点小，底横微上扬；右侧短横居上，撇画立；捺画伸展；两横平行；一竖中正写下边。

踏： 左右结构，左低右高，左窄右宽；左侧足字旁写窄，先写口字，横上扬；竖折内收；止字竖起横中；左边二竖稍短；点小，底横微上扬；右侧最上两点相呼应；右侧横横平行等距；撇画舒展；日字中正。

四、课堂总结

足字旁的书写大小应对应右部的大小，大部分字中均取左低右高，但示范字中唯有蹈字左右相等，保持字的方正。足字旁上部口字呈上大下小而下部最底处横画不宜作提。跨和踏字书写时注意中间较为紧密。

（四）软笔部分 六年级

第1讲 偏旁部首（门字框）

一、学习目标

　　1. 学会门字框的书写方法和规律。

　　2. 掌握门字框在示范字中的使用方法。

　　3. 感受书法的魅力，陶冶性情，传承优秀传统文化，增强文化自信和爱国情感。

二、学习重点、难点

　　门字框的写法以及在示范字中的书写应用。

三、实操建议

　　视频演示和讲解示范字：

　　门字框：繁体门字类似写巴，斜切起笔写最左侧长竖，中间微有粗细变化，至末端向左上回锋收笔，横折处横画行笔较轻至折处，加重二次发力写短竖，短竖与左侧长竖垂直且平行，中间作点或短横，上下等分，左侧末笔处为提画，且与右侧相呼应。右侧书写时与左侧相同，唯一掌握左右对称，且右部略大于左部，两框相对，最右侧竖钩较左侧行笔较重，底部保持一条水平线，钩处或挑出或推出。

　　闲：斜切起笔写最左侧长竖，中间微有粗细变化，至末端向左上回锋收笔，横折处横画行笔较轻至折处，加重二次发力写短竖，短竖与左侧长竖垂直且平行，中间作点或短横，上下等分，左侧末笔处为提画，且与右侧相呼应。右侧书写时与左侧相同，唯一掌握左右对称，且右部略大于左部，两框相对，最右侧竖钩较左侧行笔较重，底部保持一条水平线，钩处挑出。中间木字横画较轻，竖画较重，取门框中间位置两点左右对称，整字呈紧凑之势，切勿距离太远。

　　闶：斜切起笔写最左侧长竖，中间微有粗细变化，至末端向左上回锋收笔，横折处横画行笔较轻至折处，加重二次发力写短竖，短竖与左侧长竖垂直且平行，中间作点或短横，上下等分，左侧末笔处为提画，且与右侧相呼应。右侧书写时与左侧相同，唯一掌握左右对称，且右部略大于左部，两框相对，最右侧竖钩较左侧行笔较重，底部保持一条水平线，钩处挑出。中间为下字，横画居中且靠上，左右留有一定距离，下字短竖取横画中间，且与门框中间空白处呈一条直线，垂直向下。点画起笔位置在横竖结点或微靠下处。注意此字门字框略有变化，左侧长竖中间取向外微撇之势。

　　间：轻起写最左侧长竖，至末端向左上回锋收笔，横折处横画行笔较轻至折处，加重二次发力写短竖，短竖与左侧长竖垂直且平行，中间作点或短横，上下等分，左侧末笔处为提画，且与右侧相呼应。右侧书写时与左侧相同，唯一掌握左右对称，且右部略大于左部，两框相对，最右侧竖钩较左侧行笔较重，底部保持一条水平线，钩处挑出。中间应为日字，欧楷中将日改为月，左短撇改为短的垂露竖，右侧跟左侧等高，中间两横将整字等距平分。整字上部中间距离不宜过远，下部两短竖与部首左右长竖呈等距平行分列。

　　閜：斜切起笔写最左侧长竖，中间微有粗细变化，至末端向左上回锋收笔，横折处横画行笔较轻至折处，加重二次发力写短竖，短竖与左侧长竖垂直且平行，中间作点或短横，上下等分，左侧末笔处为提画，且与右侧相呼应。右侧书写时与左侧相同，唯一掌握左右对称，且右部略大于左部，两框相对，最右侧竖钩较左侧行笔较重，底部保持一条水平线，钩处推出。中间各字书写不宜过大，短撇与反捺夹角略大，且两短撇平行，下部口字微靠左，保持字的重心始终在两部正中间位置。

　　開：斜切起笔写最左侧长竖，中间微有粗细变化，至末端向左上回锋收笔，横折处横画行笔较轻至折处，加重二次发力写短竖，短竖与左侧长竖垂直且平行，中间作点或短横，上下等分，左侧末笔处为提画，且与右侧相呼应。右侧书写时与左侧相同，唯一掌握左右对称，且右部略大于左部，两框相对，最右侧竖钩较左侧行笔较重，底部保持一条水平线，钩处挑出。中间开字两横平行且微向右上倾斜，上短下长，两短竖均作垂露竖，平行向下，左竖微有弧度，右竖较直，注意横竖的距离以及横竖交叉点的位置。

四、课堂总结

　　繁体门字类似写巴，斜切起笔写最左侧长竖，中间微有粗细变化，至末端向左上回锋收笔，横折处横画行笔较轻至折处，加重二次发力写短竖，短竖与左侧长竖垂直且平行，中间作点或短横，上下等分，左侧末笔处为提画，且与右侧相呼应。右侧书写时与左侧相同，唯一掌握左右对称，且右部略大于左部，两框相对，在示范字中所有内部主字均取门字框正中间位置，左右虽基本同形，但右部稍大。

第2讲 偏旁部首（广字旁）

一、学习目标

　　1.学会广字旁的书写方法和规律。

　　2.掌握广字旁在示范字中的使用方法。

　　3.感受书法的魅力，陶冶性情，传承优秀传统文化，增强文化自信和爱国情感。

二、学习重点、难点

　　广字旁的写法以及示范字中的书写应用。

三、实操建议

视频演示和讲解示范字：

广字旁：轻起略向右倾写斜点，起笔处略高，下部横画向右上倾斜，点横可以相连或不相连，左侧长撇根据内部字形可尖起或顿切起笔，尖起时起笔较轻，逐渐加重行笔，向左下撇出。

麻：半包围结构。点最高居中，横微上扬；撇画伸展；林字写扁，横竖撇均写小；捺画均为点，林字中正；下画竖弯钩，钩小；钩内钩外各一点。

底：半包围结构。广字旁，点画靠右，短横微上扬，撇画舒展，首横短，微上扬，两竖左右稍倾斜，长横上扬，四点均匀布局，勿一样。

庭：半包围结构。广字旁，点画居中偏右，短横微上扬，撇画舒展，短撇短，两横等长上扬，平行等距，一竖垂直中正，横折折撇较小，起笔位置靠下，平捺伸展出捺脚。

度：半包围结构。写短横，两竖稍向内收拢，短横收口；左侧短竖下方起笔作短竖或短撇，顺势写短横；撇起笔横尾，捺画轻入笔逐渐向右下捺出。

四、课堂总结

在欧楷中，横画均取左低右高且短小，撇画有两种写法，一为尖头起撇，中间略重，二为顿笔起笔，在示范字中，广部下方主字笔画较多时，左边撇画应顿笔起笔，内部笔画较少时，外部撇画应尖头起笔，造成一种险势。内部笔画较多时则更显整字的紧凑性，内部笔画较少时整字则更显舒展。

第 3 讲 偏旁部首（走字旁）

一、学习目标

1.学会走字旁的书写方法和规律。

2.掌握走字旁在示范字中的使用方法。

3.感受书法的魅力，陶冶性情，传承优秀传统文化，增强文化自信和爱国情感。

二、学习重点、难点

走字旁的写法以及在示范字中的书写应用。

三、实操建议

视频演示和讲解示范字：

走字旁：轻起写第一短横，向右上倾斜，中竖取长横中间靠右位置，竖画较长，下部中长横起笔位置靠左，且向右上倾斜，收笔处与上部短横看齐，下部提画可作长提亦可作点提，且与下一笔短撇或平撇相呼应。下部平捺起笔处较重，应为逆锋向上微顿，调中锋向右下逐渐加重捺出，且捺画最长，捺画起笔处与上部中长横看齐，不可向左探出。注意平捺的角度。

起： 半包围结构；走字旁，左上写短横；中竖写高；二横稍长；提撇相对，写小；横捺舒展写长；捺画尾部出捺脚；平捺之上写己字，写窄小；短横平行等距；两竖同向平行。

越： 半包围结构；走字旁首横短，微上扬；二横长，两横平行；顿笔写竖，中竖短且直；提撇呼应写小；平捺写舒展；平捺之上写戉字，写窄；右侧先写短横；左边短撇；斜钩靠左上，运笔到右下，写小撇；点画实，稍大。

趁： 轻起写第一短横，向右上倾斜，中竖取长横中间靠右位置，竖画较长，下部中长横起笔位置靠左，且向右上倾斜，收笔处与上部短横看齐，下部作点提，且与下一笔短撇相呼应。下部平捺起笔处略重，顿笔调中锋向右下逐渐加重捺出，且捺画最长。右侧多字四短撇均取平行，上部两短撇距离较远，下部较近，整字左右紧凑，且左高右低，多字书写较中正，保持字的平衡。

四、课堂总结

走字旁两横倾斜角度偏向右上，且下横过长，相对于部首后的字，左侧整字平稳。前部若写得短，与后字搭配时则显得重心靠右，整字呈向右倾斜之势，平捺部分捺尾处较重，一则承托上部，二则若前部横画探出过多，捺尾亦可加重将整字摆平。

第 4 讲 偏旁部首（月字旁）

一、学习目标

1. 学会月字旁的书写方法和规律。

2. 掌握月字旁在示范字中的使用方法。

3. 感受书法的魅力，陶冶性情，传承优秀传统文化，增强文化自信和爱国情感。

二、学习重点、难点

月字旁的写法以及在示范字中的书写应用。

三、实操建议

视频演示和讲解示范字：

月字旁： 顿切起笔写竖撇，且中间有粗细变化，横折处短横微向右上倾斜，竖部向内微画弧，与左边竖撇呈相背之势，钩处或挑出或作垂露竖，中间两短横取整字中间靠上且平行分布。注意此字作为偏旁，若在左侧时不宜书写过宽，在右侧时书写要厚重。

明： 左侧目字横画较多，且均向右上倾斜，最底部短横作提画，且向左探出于整字最宽处，右部月字，顿切起笔写竖撇，且中间有粗细变化，横折处短横微向右上倾斜，竖部向内微画弧，与左边竖撇呈相背之势，且左右两侧大小均匀，两部之间较为紧凑。

胜：左右结构；月字旁，竖撇细长；横折钩出尖角，出钩小；二横居竖撇中上部且平行；右侧，右上先写竖点，垂直、中正、较短；左提右点，对称，左低右高；下面连贯写横折横折弯钩；左撇右斜点，左低右高，相对应。

肌：顿切起笔写竖撇，且中间有粗细变化，横折处短横微向右上倾斜，竖部向内微画弧，与左边竖撇呈相背之势，竖画末端挑出，中间两短横向右上微倾斜，等距或等分。右侧几字顿笔写微倾斜的垂露竖，末端微向上挑，右部横斜钩起笔处起笔较轻，折部突出，匀称圆滑地向下靠右行笔，至尾端略重向上挑出。

腊：左部月字取向右下倾斜之势，右部昔字上半部分呈左低右高且注意草字头的起笔处。草字头书写较轻，长横起笔与草字头起笔横画对齐，轻起重收，下部日字靠左，不宜书写过长，左右两部最下处均在一条直线上。整字右侧略大于左侧，左侧月字倾斜右侧中正，两部产生变化。

四、课堂总结

月字旁主要起平衡作用，在示范字中，月字略小，突出右部。若右部笔画较多时，则左侧书写较小，突出右部，如胜、腊二字；若右部笔画较少时，则左侧部首书写或与右侧相等对称或略大于右侧，月字旁书写时，竖撇与竖画取相背之势。

第5讲 偏旁部首（走之）

一、学习目标

1. 学会走之的书写方法和规律。

2. 掌握走之在示范字中的使用方法。

3. 感受书法的魅力，陶冶性情，传承优秀传统文化，增强文化自信和爱国情感。

二、学习重点、难点

走之的写法以及在示范字中的书写应用。

三、实操建议

视频演示和讲解示范字：

走之：点画靠右，横折折撇上折方，下折圆转，上折粗下折细，点画与上折及撇尾对正，捺画平伸。

道：首字上部点画与短撇相呼应，短撇且与下部短横做呼应，中间短撇不宜过大，下部四横均向右上微倾斜平行等距，应与走之留有一定空隙，左右不宜太紧，而且其上端微向左倾，且与左部走之相呼应，走之捺画较长较重，以保持字的平稳。

运：军字左垂点略重，横折横画行笔较轻且向右上倾斜，折部突出，下部车字横画较多，且均向右上倾斜，注意横画长短及粗细变化，中间两短竖向内收拢，呈上宽下窄之势，中间长竖为垂露竖，取整字中间位置垂直向下，垂露竖收笔处与走之点画有笔断意连的呼应，走之部分起笔行笔较轻，至平捺处逐渐加重，捺画较长，承托上部，整字左右书写较紧凑，且偏旁部分略小。

遂：上部豕字垂点与短撇相呼应，垂点略重，中间短横微向右上倾斜，下部短撇在横画靠近末端处，轻起轻收，末端微向上挑与下部弯钩相呼应，注意弯钩的写法，内部两短撇平行略小，且与右侧短撇相呼应，右部短撇斜点（反捺）与弯钩相交，短撇起笔处与反捺收笔处均向右探出于上部。走之点画作出锋点，且与下部横折折撇的起笔处相呼应，横折折撇与平捺相呼应，捺画中间行笔较平稳，捺尾处加重，捺画较长，以承托上部。两部中间紧凑，切勿留白过大。

遊：中部以才作方字，且中竖向左侧微弓，撇画较短，右部上短撇与短横均向右上倾斜，下部子字宜小，子字略低于才字，走之点画靠右，横折折撇上折方，下折圆转，上折粗下折细，点画与上折及撇尾对正，捺画平伸。

四、课堂总结

走之书写时，点画、横折折撇与平捺三者均相呼应，横折折撇与平捺书写时，横折折撇末端处微向左探，内部轻画圆，逐渐加重向右下捺出，两种夹角一为垂直夹角，二为微向左倾的夹角，横折折撇处要匀速行笔。

第6讲 偏旁部首（四点底）

一、学习目标

1. 学会四点底的书写方法和规律。

2. 掌握四点底在示范字中的使用方法。

3. 感受书法的魅力，陶冶性情，传承优秀传统文化，增强文化自信和爱国情感。

二、学习重点、难点

四点底的写法以及在示范字中的书写应用。

三、实操建议

视频演示和讲解示范字：

四点底：四点横向连续呈横势，外点较大，内点较小，注意四点形状方向及写法的变化，四点之间有连带呼应关系。右部点较大于其他三点。

照：上部左侧日字两竖垂直向下，点画居两竖正中位置，底部提画向左探出于左侧短竖，且不与右侧长竖相连，右部短撇弧度较大，横折尖起即折，折撇与第一笔短撇平行。四点横向连续呈横势，外点较大，内点较小，注意四点形状方向及写法的变化，四点之间有连带呼应关系。右部点较大于其他三点。注意四点距离较远，左右均探出于上部。整字呈上大下小。

蒸：草字头左右对称，两竖内斜向中间收拢，横撇居中，竖画较短，尖起微画弧行笔，左边横撇起笔行笔皆轻，向左侧撇出，右部短撇捺画不相连接，撇短捺长且捺画较直，中间短横略短较平，下四点间距较小，且居中，撇捺将其覆盖，注意四点写法，撇捺要舒展。

然：上部略倾斜，左上半部竖撇较垂直，中心两点相呼应，右部短横略向右上倾斜，竖撇较垂直，捺画伸展，斜点向左下略出锋，与下部四点做呼应，下部四点的前三点是均向右上挑尖的连带关系，前三点姿态相同，最后为斜点，不能越过捺脚，整字上部较大，四点呈均匀分布，上部要书写紧凑，注意连带和呼应关系。

四、课堂总结

四点底书写时，四点均有呼应关系，但四点有四种方向，照和然字四点书写距离较远，且均有呼应，上大下小，左点较轻右点较重，四点要在一条水平线上，示范字蒸字则与上两字截然不同，四点紧凑，且左右两点均重，中间略小，上部字将其覆盖，且均有呼应。

第 7 讲 偏旁部首（雨字头）

一、学习目标

1. 学会雨字头的书写方法和规律。

2. 掌握雨字头在示范字中的使用方法。

3. 感受书法的魅力，陶冶性情，传承优秀传统文化，增强文化自信和爱国情感。

二、学习重点、难点

雨字头的写法以及在示范字中的书写应用。

三、实操建议

视频演示和讲解示范字：

雨字头：形不宜过大，横画宜短，且向右上倾斜，左侧变竖为点，且微向左下，横折钩横部行笔较轻，至折部加重，向内钩，中竖取横折钩中间或靠左位置，四个点要形态各异但必须相呼应。

雲：形不宜过大，横画宜短，且向右上倾斜，左侧变竖为点，且微向左下，横折钩横部行笔较轻，至折部加重，向内钩，中竖取横折钩中间或靠左位置，四个点要形态各异但必须相呼应。下部云字两横平行向右上倾斜，撇提起笔在第二横中间靠左位置，撇提不宜过大，最后点画较重，点尾与撇提下点保持一条水平线。

靈：形不宜过大，横画宜短，且向右上倾斜，左侧变竖为点，且微向左下，横折钩横部行笔较轻，至折部加重，向内钩，中竖取横折钩中间或靠左位置，四个点要形态各异但必须相呼应。中部三口字左右两口略大于中间口字，注意控笔，三口不宜书写过大，超过上部雨字头，下侧巫字短横较短，承托中部三口字，中竖与上部雨字头中竖对齐，左右四点要形态各异但必须相呼应，位置分别在中部左右两口正下方。最底部长横要承托上部，书写时较长且重，书写较平。

霄：形不宜过大，横画宜短，且向右上倾斜，左侧变竖为点，且微向左下，横折钩横部行笔较轻，至折部加重，向内钩，中竖取横折钩中间或靠左位置，四个点要形态各异但必须相呼应。下部肖字中竖较短，与雨字头中竖垂直分布，提点与撇点左右相呼应且距离略大，呈左低右高分列，下部两竖行笔向中间内拢，取相背之势，右侧竖画底部钩不明显，整字呈上大下小，上宽下窄。

雨：横画不宜过长，且微向右上倾斜，左侧短竖斜切起笔，微向右下行笔，至末端略顿收笔，横折横部行笔较轻，至折部加重二次发力，折部突出向左下行笔，至末端向左上挑出，中竖取横折钩中间或靠左位置，略短于左右两短竖，且左右两短竖均向中间靠拢，四个点中左侧两点上部出锋点与下点相呼应，且下点与右侧上斜点相呼应，右上斜点又与下斜点呼应，四点匀称分布，且形态各异。

四、课堂总结

第一横宜短不宜细，四点形态各异但必须相呼应，如上下结构，雨字头则与上下各占一半，若上中下结构，雨字头应书写更扁。示范字中，共有两种结构，一为上下，二为上中下。上下结构时，雨字头应将下部覆盖；上中下结构时，末笔应与上笔相同长度，以作承托包围中间部分。

第8讲 偏旁部首（草字头）

一、学习目标

1. 学会草字头的书写方法和规律。

2. 掌握草字头在示范字中的使用方法。

3. 感受书法的魅力，陶冶性情，传承优秀传统文化，增强文化自信和爱国情感。

二、学习重点、难点

草字头的写法以及在示范字中的书写应用。

三、实操建议

视频演示和讲解示范字：

草字头：左右同形对称，横画为左右尖横，左部横画重起轻收，右部横画轻起重收，两横可呈一条直线，两竖向内斜，左竖起笔略重，右侧改为短撇，注意左右对称，且有一定的呼应关系。

莫：上下结构，上窄下宽。上部左低右高，左侧顿笔写短竖；横起竖中；右侧顿笔写短横；横头起竖撇。日部写扁；短竖内收，横横平行上扬，折微内收。大部，顿笔写长横，微上扬；横中偏左顿笔写撇，稍立；斜点略重勿长。

黄：上下结构。上部草字头，左上顿笔写短竖；竖中起短横，微上扬；横画靠右写短横；横上写竖撇；顿笔写长横，上扬。轻入笔写短竖，微内收；竖头起笔写横折，横笔上扬，折内收；内写短横；横中起竖；短横收口，横横平行上扬；短竖之下写撇点；折笔之下顿笔写点，两点左右对应，左轻右重。

茨：上部左右同形对称，横画为左右尖横，左部横画重起轻收，右部横画轻起重收，两竖向内斜，左竖起笔略重，右侧改为短撇，短撇与下部出锋点有笔断意连的呼应。出锋点靠内，提点靠外，两点不在一条直线上，右侧欠字短撇弧度较大，轻起轻收形短，横折较小，尖起即折，折部较突出。下部撇画与捺画起笔在欠字第一短撇尾部靠上处，撇捺舒展，捺画较重，整字上小下大，下部与上部较紧凑，留白不宜过大。

符：上部以草字头代替竹字头，为古代的通假字。整字上小下大，下部短撇起笔较重较平，短竖取撇画中间或微靠下位置，右侧寸字横略短，轻起重收，长度不宜过长，微向右探出于上部草字头，竖画取横画中间靠右位置，顿切起笔，调中锋向下，与左侧短竖平行，末端挑钩处与中间斜点相呼应，点画不宜过大，位置在中间微靠上。

四、课堂总结

左部横画重起轻收，右部横画轻起重收，两横可呈一条直线，两竖向内斜，左竖起笔略重，右侧改为短撇，或先起笔写竖画，竖画与左侧短横或提画相呼应，顺势写右侧短横，向下作撇，左侧起笔和右侧收笔处可向下微垂，亦可作左低右高。

第9讲 偏旁部首（三点水）

一、学习目标

1. 学会三点水的书写方法和规律。

2. 掌握三点水在示范字中的使用方法。

3. 感受书法的魅力，陶冶性情，传承优秀传统文化，增强文化自信和爱国情感。

二、学习重点、难点

三点水的写法以及在示范字中的书写应用。

三、实操建议

视频演示和讲解示范字：

三点水：点画较多，且形态各异，首点位置应靠近右侧主字，可作出锋点亦可作斜点，九成宫中均作出锋点，第二点本意为斜点，但九成宫中讲究变化，故将此点出锋处故意拉长，且与第三提点做呼应，确定提点起笔的方向，三点均有呼应，可作弯或直下之势。

沆：首点位置应靠近右侧主字，作出锋点，第二点为斜点，加长且与第三提点做呼应，确定提点起笔的方向，三点均有呼应，可作弯或直下之势。右侧充（liú）字首笔短横向右上倾斜角度略大，轻起轻收，不宜过长，下部撇折在短横起笔处下方，折部突出为二次发力，向上提，点画靠下，保持上部平衡。下部左侧短撇轻起重行轻收，弧度较大，在上部提画起笔处向左侧撇出，中间短竖起笔较轻，取充字正中间，竖弯钩不同于其他竖弯钩，末端不作挑钩，尾部加重，短撇、中竖与竖弯钩保持在一条水平线上。整字左窄右宽，左小右大，中间留有空隙，左侧与右侧有连带呼应关系。

沉：左侧三点水上两点顺势排列，下部提点略小，三点起笔均在一条斜的直线上。右部冗字起笔垂点作短竖，微向左下倾斜，横折处横画较轻，折处较重略长，下部撇画取上部中间或微靠左起笔，重起轻收，于撇画起笔处写竖弯钩，起笔处较重，行笔较轻，圆滑过渡，末端加重向上滑出，呈外方内圆。整字左部较轻，右部较重，且右侧上部较倾斜，竖弯钩末端加重，保持字的平衡。

沐：左右结构，左窄右宽，左低右高。左侧三点水微向左弯弓排列，左上起笔写点，收笔向左出钩；第二点连笔呈倒三角，上大下小；第三点顿笔，右上提笔出锋。右侧木部短横微上扬；竖钩挺立写在短横的中部靠右位置；横竖交点起笔写撇；交点略下入笔写捺，底部出捺脚，捺伸展。

源：首点位置应靠近右侧主字，作出锋点，第二点为长斜点，出锋处垂直微向左下，且与第三提点做呼应，确定提点起笔的方向，三点均有呼应。右侧原字首横较短，微靠右，给左侧短撇让出空间，短撇不宜过长，横撇不相交，中部白字短撇靠左，下框两竖向内收拢，折处较突出，三横平行，下部竖钩较短，钩处与左侧垂点相呼应，右侧斜点靠右点出字外，偏旁最底部与竖画最底部保持在一条水平线上，左右紧凑。

注：首点位置应靠近右侧主字，作出锋点，第二点为长斜点，出锋处垂直微向左下，且与第三提点做呼应，确定提点起笔的方向，三点均有呼应。右侧主字上点较平，下部三横长短变化不大，注意三横之间并非等距且均向右上微倾斜，中竖取横画正中位置，左右对称。整字左右距离较远，中间留白较大，三点水提画与右侧最上点相呼应。

四、课堂总结

上中两点均为斜点，上点偏右，中下两点偏左，中间点画靠上点，下点作挑点，起笔处与中点相呼应，出锋处与右部笔画相呼应，示范字中均为左小右大，且右部较舒展，左右两侧较为紧凑，三点或与右侧等高或略低于右侧。

第 10 讲 偏旁部首（女字旁）

一、学习目标

1. 学会女字旁的书写方法和规律。

2. 掌握女字旁在示范字中的使用方法。

3. 感受书法的魅力，陶冶性情，传承优秀传统文化，增强文化自信和爱国情感。

二、学习重点、难点

女字旁的写法以及在示范字中的书写应用。

三、实操建议

视频演示和讲解示范字：

女字旁：由女字缩窄变化而来，左侧为撇折点，撇画较长较立，可分作两笔或一笔书写；长横作长提，斜向右上重起轻收，右撇与横相交，交点在右撇撇头靠下处，长撇可出头，要直，不作弯弧，左右两撇平行，下点较长，撇点角度大概为 90°，右撇较长。

如：左右结构，左高右低。左侧女部，左上顿笔写撇折点；撇右稍低写长斜点；右侧撇画起笔略低于左侧撇画，两撇平行，弧度略大；顿笔写提，写小，微上扬。右侧口部，上大下小，写扁呈倒梯形，均向内收，底横收口。

安：上部为秃宝盖，左侧垂点略大，向左上回锋收笔，且与横钩起笔相呼应，横钩行笔较轻，折部突出，微向右上倾斜。下部女字撇折点撇画较长，起笔在秃宝盖上部，与横钩中间靠左位置相交。重新起笔写折点或长斜点，撇折点较大，点画较平，微向右下倾斜，右侧撇画起笔行笔均轻，撇尾微低于长斜点末端。中部长横承上启下较长较重。

始：左侧女部，左上顿笔写撇折点；撇右稍低写长斜点；右侧撇画起笔略低于左侧撇画，两撇平行弧度较大；顿笔写提，写小，微上扬。右部台字撇折分两笔写成，撇画较立，提画较厚重，不宜过长，斜点微靠上，下部口字较方正，微向内收，整字左右大小相同。左侧女部右撇最长，且弧度较大。

四、课堂总结

女字形稍窄呈斜势，上撇长且直，不能作弧，下点较长，右撇与左撇平行，右撇与长点交叉处和左撇起笔处对正，以求重心之稳，横画作提或挑，形长，左侧可多探出于左撇，右尾部长短随势。

第 11 讲 偏旁部首（竖心旁）

一、学习目标

1. 学会竖心旁的书写方法和规律。

2. 掌握竖心旁在示范字中的使用方法。

3. 感受书法的魅力，陶冶性情，传承优秀传统文化，增强文化自信和爱国情感。

二、学习重点、难点

竖心旁的写法以及在示范字中的书写应用。

三、实操建议

视频演示和讲解示范字：

竖心旁：垂点轻起即顿向内回锋收笔，收笔时顺势写右斜点，斜点略小，左侧垂点起笔处与右侧斜点收笔处在一条水平线上，两点中间稍有距离，给中竖留出空间，中竖顿切起笔，调中锋垂直向下，向左上回锋作垂露竖，中竖的起笔位置高于右侧斜点。

性：左右结构，左低右高，左窄右宽。左中起笔写垂点；垂点右上点斜点；顿笔写垂露竖，写直。右侧，斜点右侧顿笔写撇连短横；横中顿笔写竖直；两横平行等距，第三横略长。

怡：左右结构，左低右高，左窄右宽。左中起笔写垂点；垂点右上点斜点；顿笔写垂露竖，写直。右上顿笔写撇，连提；提尾写撇点；提头之下写短竖，竖头起笔写横折，竖与横勿连，横上扬，折内收；竖尾写横，竖挡横，收笔下顿横挡竖封口。

惕：左部竖心旁左侧垂点居垂露竖正中，顺锋向下轻起，右点靠上，略向下斜呈俯势，两点左低右高相呼应，竖画长而直，右侧易字上部窄长，下部宽大，上部两竖垂直向下，呈左低右高，中间以横作点，下部最左侧短撇起笔较重，横折钩取向右下倾斜之势，内部两撇平行且与横折钩竖部等距。整字左右两部高度相同，左窄右宽，两部较为紧凑，注意右部三撇起笔位置均在上部以下。

悦：左部竖心旁左侧垂点居垂露竖正中，轻起顺锋向下，右点靠上，略向下斜呈俯势，两点左低右高相呼应，竖画长而直，竖心旁部分略取倾斜之势。右部兑字短撇与撇点开合较大，左低右高，且两者有呼应，撇点稍微靠上。略高于左侧竖心部分。下部为允字撇提较小，提画部分靠下，向右上倾斜角度较大，右侧斜点略小且有连带下部撇画的形态，撇画行笔较轻，竖弯钩竖画起笔行笔皆轻，圆弧过渡后逐渐加重至末端，向右上滑出，呈外方内圆，且与前部撇尾、竖心部均保持在一条水平线上。整字扁长，左轻右重，右上部较为倾斜，下部平稳，此字竖心旁竖画粗细有变化。

四、课堂总结

竖画长且直，多用垂露竖，左侧垂点轻起即顿向上回锋收笔，且与右点相呼应，右点靠上，示范字中，均为左右等高，且左部中正，右部向右上微倾斜，左右两部书写紧凑。

第12讲 偏旁部首（言字旁）

一、学习目标

1. 学会言字旁的书写方法和规律。

2. 掌握言字旁在示范字中的使用方法。

3. 感受书法的魅力，陶冶性情，传承优秀传统文化，增强文化自信和爱国情感。

二、学习重点、难点

言字旁的写法以及在示范字中的书写应用。

三、实操建议

视频演示和讲解示范字：

言字旁：有两种形态。起笔斜点，靠右且靠近右侧主字部分，中间三横首横较长且行笔较重，下部两短横较短，均平行且向右上倾斜。下部口字依中间短横书写大小，两短竖均向内收。另一种形态为首横长，二横短，第三横微长于第二横，其他部分不变。

記：左右结构，左高右低，左窄右宽。左侧言部，左上中写点；短横上扬，短横尾在点下；下面两短横平行上扬；底横横头下起竖，微内收；轻起笔写横折，横上扬，折内收；竖尾写横，竖挡横。右侧己部，起笔在左侧言部长横下方，横上扬，折内收；折下起横，横挡竖；横头起笔写竖弯钩，竖向左倾斜，弯钩圆，弯钩写长，钩向右上扬，出钩内圆外方。

詞：左右结构，左高右低。左侧言部，左上中写点；短横上扬，短横尾在点下；下面两短横平行上扬；底横横头下起竖，微内收；竖头轻起笔写横折，横上扬，折内收；竖尾写横，竖挡横，横尾横挡竖封口。右侧司部，起笔较轻写横折钩，横上扬，折直钩小；内写短横，微上扬；横头起笔写短竖，微内收；竖头起笔写横折，横上扬，折内收；竖尾写横，竖挡横，收笔下顿横挡竖封口。

詢：言字旁起笔斜点，靠右且靠近右侧主字部分，中间三横首横较长且行笔较重，下部两短横较短，均平行且向右上倾斜。下部口字依中间短横书写大小，两短竖均向内收。右侧旬字较为宽大，短撇与其他短撇不同，起笔略顿，向左下直行，向回折，回锋收笔，短撇不宜过长，横折钩横部较平稳，至折处向上轻提，略顿，二次发力，略加重，匀速行笔，至钩处渐慢，略顿，二次发力，向左上方挑出，中间日字第一起笔处与上部短撇收尾处呈垂直分布，两短竖与最右侧长竖呈平行垂直，日字与外框距离较大，中间留白空间较多。整字左小右大，下部在一条水平线上且右半部分略高于左半部分，两部中间较紧凑。

訓： 言字旁起笔斜点，靠右且靠近右侧主字部分，中间三横首横较长且行笔较重，下部两短横较短，均平行且向右上倾斜。下部口字依中间短横书写大小，两短竖均向内收。右侧川字两竖依次向右上倾斜，距离紧凑，第一竖画处为变形的竖钩，顿切起笔调中锋，平稳垂直行笔，与左侧言部对齐，微顿向右上回锋，略出尖。第二竖起笔处略高于第一竖，收笔处略高于第一竖收笔处，竖弯钩平切起笔且加重，高于前部两短竖，平稳行笔，折处匀称，加重向右上挑出，折弯钩处不宜过长。整字偏旁部分较为平稳，右部三画距离相等，长短相等，依次加高等距排列，左右两部中间较紧凑。

四、课堂总结

言字旁由"言"字缩窄而来，三横上长下短，皆取斜势，且第一笔斜点靠右，上横左侧长，下两横靠右，下部口字上宽下窄，字形窄长，口字起笔处与上斜点起笔处看齐，示范字中左右紧凑，左侧倾斜右侧中正。

第 13 讲 偏旁部首（国字框）

一、学习目标

1. 学会国字框的书写方法和规律。

2. 掌握国字框在示范字中的使用方法。

3. 感受书法的魅力，陶冶性情，传承优秀传统文化，增强文化自信和爱国情感。

二、学习重点、难点

国字框的写法以及在示范字中的书写应用。

三、实操建议

视频演示和讲解示范字：

国字框： 左侧竖画较直，力度略大，横折部分横画较细，行笔较轻，微向上弓，或平稳行笔至折处略顿，轻提下压，二次发力，写竖钩，行笔力度略大于左侧，下部短横与左侧短竖相连，右端可相连可不相连。国字框呈竖立的长方形，中间留白较大，四围与其中所含字布局适当，不宜太满或太疏。

固： 全包围结构。左上顿笔写竖；横折中横起竖头，横微上扬，顿笔写折，中锋行笔至右下底；内起短横，横中起竖撇；口字上大下小，短竖微内收，横起竖头向上倾斜，折笔内收，横起竖尾封口；长横封口。

國： 全包围结构。左上顿笔写竖；横折中横画起竖头，横微上扬，顿笔写折，中锋行笔至右下；内起短横，横头写撇提，提尾起撇，撇尾写横，上横中靠右写斜钩；横尾之下写短撇，横尾之上顿笔写点；横笔封口，露竖尾。

圙：左竖短右竖长，左低右高，内部啚（tú）字口部较为扁长靠左，中间横画取外框中上部分，短撇与上口正中位置相连，与横画中间相交，下部回字四横四竖均平行等距分布，注意回字口不封严，外部大框封严，内部留有气眼，回字较为中正，且整字较为紧凑，内部行笔宜起笔行笔较轻，注意力度的掌控。

囙：外框左竖短右竖长，左侧行笔较轻，上下两横画行笔力度相同，唯右侧竖画较为粗壮，也是欧阳询九成宫中一个显著的特点。内部工字两横平行且等长，均向右上微倾斜，取外框正中靠左部分。整字四横三竖均呈平行等距排列。

四、课堂总结

国字框横平竖正形长方，左竖短右竖长，右竖回锋如钩，左轻右重，根据内部空间大小来安排内部字的书写力度，国字框内部字均居中或靠左。

第 14 讲 偏旁部首（反文旁）

一、学习目标

1. 学会反文旁的书写方法和规律。

2. 掌握反文旁在示范字中的使用方法。

3. 感受书法的魅力，陶冶性情，传承优秀传统文化，增强文化自信和爱国情感。

二、学习重点、难点

反文旁的写法以及在示范字中的书写应用。

三、实操建议

视频演示和讲解示范字：

反文旁：反文旁有两种形态：第一种形态，短撇稍立，起笔、行笔、收笔较轻，略带弧度，短横尖起，逐渐加重，微向右上倾斜，起笔处取撇画中间靠下或在撇画正下重新起笔，撇画取横画中间靠左位置，弧度较大，行笔较轻较短，捺画尖起逐渐加重，行笔较直，捺脚较平，撇捺之间有呼应，起笔位置略探出于第一短撇撇尖处。第二种形态，撇捺不变，唯上部撇横处写作短撇撇起笔微重，顺势起笔写短横，短横微向右上倾斜。

改：左右结构，左低右高。左侧左上写横折，横略短，折略长；底横平行，略上扬；下竖短；顿笔写提。右侧上部写撇，较立；横起撇尾；下面撇起横中；捺画起笔短横头之下，向右舒展，出捺脚。

敢：左半部分上部较大，且向右上倾斜，下部左侧短竖行笔较轻，中间两横将左竖等分且横画短小，右部长竖行笔略重，中间粗细有变化，至钩处向左上挑出，且与末笔提画相呼应，提画不宜过长，探出于左侧竖画，与上部第二短横对齐。右部反文起笔位置靠上，上部撇横处写作短撇撇起笔微重，顺势起笔写短横，短横微向右上倾斜，撇画取横画中间靠左位置，弧度较大，行笔较轻较短，捺画尖起逐渐加重，行笔较直，捺脚较平，撇捺之间有呼应，起笔位置略探出于第一短撇撇尖处，撇捺较舒展。整字呈左高右低，左窄右宽，且中间紧凑。

效：左右结构，左右穿插互补。左侧，左上写点；短横上扬；横中靠左起小撇；小撇撇头靠右写点连撇；小撇撇中靠下写长点。右侧上部写撇，较立；横起撇尾；下面横中偏左写撇，立撇尾部轻入笔写捺，出捺脚。

四、课堂总结

短撇较直，起笔多用圆笔，横与撇连或横撇分两笔，长撇在横画中间或中间靠左起笔，撇画短而弯，捺画直伸，撇捺交点与第一撇起笔处对齐，撇捺舒展，示范字中左右匀称。

第 15 讲 偏旁部首（耳刀旁）

一、学习目标

1. 学会耳刀旁的书写方法和规律。

2. 掌握耳刀旁在示范字中的使用方法。

3. 感受书法的魅力，陶冶性情，传承优秀传统文化，增强文化自信和爱国情感。

二、学习重点、难点

耳刀旁的写法以及在示范字中的书写应用。

三、实操建议

视频演示和讲解示范字：

耳刀旁：横撇向右上倾斜角度较大，且横撇横部为尖起，即折向左下撇，弯钩处尖起，向右下微重行笔，向左上挑出，两者相呼应，两尖处相对，左竖均为垂露竖，起笔较轻且长，整部两弯为上大下小，上钩为撇，下钩为圆钩，弯势不可相同。

阴：左右结构，左窄右宽，左低右高。左耳旁，横撇中横轻入笔，上提写小，下弯钩写小；垂露竖竖直。右侧，右上起笔写撇，撇短；撇头下轻入笔写捺，捺写长，出捺脚；短竖靠左；三横平行等距；底横略长，微出头探出竖画；横中靠左起笔写撇，撇提；提尾顿笔写点。

阳：左右结构，左窄右宽，左低右高。左耳旁横撇上提，要写小；下弯钩写小；垂露竖垂直中正。右侧上部短竖写高；横折横上扬，内中写点；长横上扬；右侧下部撇画平行，长短不一；横中起撇；横折钩右下倒写出钩小。

降：左侧部首起笔位置较高，垂露竖写短，弯钩处不宜太向右下，稍靠垂露竖，避让右侧撇画，右侧上部反文撇捺舒展，且捺画较长，下部两横平行，微向右上倾斜，中竖取横画正中位置，垂直向下，收笔处略低于左侧部首部分，且与左侧部首部分平行。

整字左小右大，弯钩处避让右侧撇画。

随： 此字共分为三部书写，部首部分起笔位置靠下，横撇弯钩处略小，避让右边，垂露竖较长，平稳行笔，右侧有字起笔位置靠上，短撇弧度较大，且与横画有呼应。下部月字左为垂露竖，右部力度大于左部，两短横在垂露竖中间靠上位置，耳刀与有字中间微有距离，走之起笔靠下，横折折撇行笔较轻，下部平捺为轻起逐渐加重，向右下送出，且捺脚处与偏旁垂露竖底部保持在一条水平线上。整字结构较为复杂，注意左右避让以及中间留白。

四、课堂总结

横折弯钩形小且靠上，多分作两笔，可连可断，竖画起笔略低于横折弯钩，可以相连相断，竖画正直向下伸展。示范字中隋和降右部均与横折弯钩处相避让。

第16讲 偏旁部首（心字底）

一、学习目标

1. 学会心字底的书写方法和规律。

2. 掌握心字底在示范字中的使用方法。

3. 感受书法的魅力，陶冶性情，传承优秀传统文化，增强文化自信和爱国情感。

二、学习重点、难点

心字底的写法以及在示范字中的书写应用。

三、实操建议

视频演示和讲解示范字：

心字底： 左侧垂点尖起即顿，向左上回锋收笔，卧钩处起笔与垂点起笔位置看齐，轻起逐渐加重，向下微画弧，至末端略顿调锋向左上推出或挑出，挑尖处与中间提点或出锋点相呼应，且提点与外侧斜点相呼应。斜点不宜超过卧钩最外侧，注意卧钩的倾斜角度。

忘： 上下结构；上窄下宽。上部亡字，上中部顿笔写点；短横微上扬，点写在短横的中部靠右；横头写短竖，勿连；竖连短横，横横平行。下部心字，左侧写垂点，垂点写大；横头下轻入笔，写卧钩，逐渐加重向中间挑出；卧钩中心写点画，收笔上挑；卧钩钩上写点画，勿出钩外，三个点渐高排列。

念： 上下结构。上部顿笔写撇；捺画轻入笔出捺脚，较粗重；中写短横；下横稍靠上，横横平行上扬。二横横头下起笔写点；卧钩写小，中上方出钩；卧钩中心写点画；尾点在钩上方，勿出钩外。

愈： 上部俞字撇捺舒展，撇短捺长，中间横画居撇捺正中，行笔轻且短，下部左侧月字两竖平行向下，右侧竖刀左轻右重，左短右长，整字较为紧凑，下部心字既承托上部又要与上部等宽对齐，心字三点呈直线分布，且均有呼应关系，此处卧钩较平。

恩：上部因字外框左竖短右竖长，左侧行笔较轻，上下两横画行笔力度相同，最下横向左探出于左侧短竖，唯右侧竖画较为粗壮，内部工字两横平行且等长，均向右上微倾斜，取外框正中靠左部分。因字四横三竖均呈平行等距排列。下部心字底较为厚重，其中点画和卧钩行笔均重，卧钩取左高右低之势，下部宽于上部，且上部微靠左，下部卧钩右侧较重，保持字的平衡。

思：轻起短竖，横折与第一短竖相连。横折，横画至折笔处重新起笔微向左下倾斜写短竖，倾斜幅度不宜过大。内部布白匀称。下部短横探出于左侧短竖，且左重右轻。下部心字底较为厚重，其中点画和卧钩行笔均重，卧钩取左高右低之势，下部宽于上部，且上部微靠左，下部卧钩右侧较重，保持字的平衡。

四、课堂总结

字形可宽可扁，三点形态各异，且相呼应，左点略重，卧钩较平，出钩处指向中间点，中点向下靠拢弯钩，左点略低，右点略高，三点呈斜向右上分布，均在一条直线上。示范字中，心字底的大小取决于上部的开合形态。

第二编 讲授方法

第一章 书法教学目标

第一节 总体目标

教学目标是总纲，一切教学活动都是围绕一定目标进行的。对于书法教师来说，明确书法教学的总目标、学段目标和每节课的课时目标，既是做好书法教学工作的前提，又是书法教学的方向。

郭沫若先生曾经讲过："培养中小学生写好字，不一定要人人都成为书法家，总要把字写得合乎规格，比较端正、干净、容易认。这样养成习惯有好处，能够使人细心，容易集中意志，善于体贴人。草草了事，粗枝大叶，独行专断，是容易误事的。练习写字可以逐渐免除这些毛病。"义务教育阶段书法教育不是为了培养书法家，而是为了辅助学生学习语文和其他课程、形成终身学习的能力打下良好基础；是为了培养学生良好的书写习惯，具备熟练的书写技能，并在此基础上具有初步的书法欣赏能力；是为了提高学生的语文素养，培养学生热爱祖国文字的情感，使学生成为全面发展的人。

制定书法教育教学目标，必须了解教育部印发的有关文件精神，必须学习《中小学书法教育指导纲要》和《义务教育语文课程标准》中关于书法教育的内容。

《中小学书法教育指导纲要》强调，中小学书法教育以语文课程中识字和写字教学为基本内容，以提高汉字书写能力为基本目标，以书写实践为基本途径，适度融入书法审美和书法文化教育。

1. 面向全体，让每一个学生写好汉字。识字、写字是学生系统接受文化教育的开端，是终身学习的基础。中小学书法教育要让每一个学生达到规范书写汉字的基本要求。

2. 硬笔与毛笔兼修，实用与审美相辅。中小学书法教育包括硬笔书写和毛笔书写教学。书法教育既要重视培养学生汉字书写的实用能力，还要渗透美感教育，发展学生的审美能力。

3. 遵循书写规范，关注个性体验。中小学书法教育既要让学生掌握汉字书写的基本规范和基本要求，还要关注学生在书法练习和书法欣赏中的体验、感悟和个性化表现。

4. 加强技能训练，提高文化素养。中小学书法教育要注重基本书写技能的培养，不断提高书写水平。同时在教学活动中适当进行书法文化教育，使学生对汉字和书法的丰富内涵及文化价值有所了解，提高自身的文化素养。

《中小学书法教育指导纲要》规定书法教育的总体目标和内容是：

1. 学习和掌握硬笔、毛笔书写规范汉字的基本技法，提高书写能力，养成良好的书写习惯。

2. 感受汉字和书法的魅力，陶冶性情，提高审美能力和文化品位。

3. 激发热爱汉字、学习书法的热情，珍视中华优秀传统文化，增强文化自信与爱国情感。

《义务教育语文课程标准（2022年版）》明确语文课程围绕核心素养，义务教育语文课程培养的核心素养，是学生在积极的语文实践活动中积累，建构并在真实的语言运用情境中表现出来的，是文化自信和语言运用、思维能力、审美创造的综合体现。

在语文学习过程中，培养爱国主义、集体主义、社会主义思想道德，逐步形成正确的世界观、人生观、价值观。热爱国家通用语言文字，感受语言文字及作品的独特价值，认识中华文化的丰厚博大，汲取智慧，弘扬社会主义先进文化、革命文化、中华优秀传统文化，建立文化自信。关心社会文化生活，积极参与和组织校园、社区等文化活动，发展交流、合作、探究等实践能力，增强社会责任意识。感受多样文化，吸收人类优秀文化的精华。认识和书写常用汉字，学会汉语拼音，能说普通话。主动积累、梳理基本的语言材料和语言经验，逐步形成良好的语感，初步领悟语言文字运用的规律。学会使用常用的语文工具书，运用多种媒介学习语文，初步掌握基本的语文学习方法，养成良好的学习习惯。学会运用多种阅读方法，具有独立阅读能力。能阅读日常的书报杂志，初步鉴赏文学作品，能借助工具书阅读浅易文言文。学会倾听与表达，初步学会用口头语言文明地进行人际沟通和社会交往。能根据需要，用书面语言具体明确、文从字顺地表达自己的见闻、体验和想法。积极观察、感知生活，发展联想和想象，激发创造潜能，丰富语言经验，培养语言直觉，提高语言表现力和创造力，提高形象思维能力。乐于探索，勤于思考，初步掌握比较、分析、概括、推理等思维方法，辩证地思考问题，有理有据、负责任地表达自己的观点，养成实事求是、崇尚真知的态度。感受语言文字的美，感悟作品的思想内涵和艺术价值，能结合自己的经验，理解、欣赏和初步评价语言文字作品，丰富自己的情感体验和精神世界。能借助不同媒介表达自己的见闻和感受，学习发现美、表现美和创造美，形成健康的审美情趣。

第二节 第三学段教学目标

根据《中小学书法教育指导纲要》《义务教育语文课程标准（2022年版）》，五年级至六年级的教学目标如下：

一、硬笔教学目标

1.掌握执笔要领，书写姿势正确，不急不躁，专心致志。学习正确的运笔方法，体会起笔、行笔、收笔的运笔感觉，感受硬笔书写中的力度、速度变化。

2.了解单字书写点线对应关系和结构对应关系，理解汉字组合规律。自由熟练运用习字格，能运用横线格进行成篇书写练习。硬笔书写楷书力求行款整齐、灵活美观，有一定速度。有兴趣的学生可以尝试用硬笔学写规范、通行的行楷字。

3. 养成"提笔就是练字时"的习惯。在整齐、美观的书写中体会汉字的优美。懂得爱惜文具。

二、软笔教学目标

1.继续用毛笔写楷书。比较熟练地掌握毛笔运笔方法，体会提按、力度、节奏等变化。借助习字格，较好地把握笔画之间、部件之间的位置关系，逐步做到笔画规范，结构匀称，端正美观。保持正确的书写姿势和良好的书写习惯。

2.尝试临摹楷书经典碑帖，体会其书写特点，逐步提高临摹能力。在临摹或其他书写活动中，养成先动脑再动手的习惯。

3.学习欣赏书法作品。了解条幅、斗方、楹联等常见的书法作品幅式。留意书法在社会生活中的应用。通过欣赏经典碑帖，初识篆、隶、草、楷、行五种字体，了解字体的大致演变过程，初步感受不同字体的美。

4.有初步的书法应用意识，喜欢在学习和生活中运用自己的书写技能。

第二章 完整的教学流程

第一节 书法课堂教学过程

一次完整的书法课教学，一般有"课程导入—讲授示范—临摹练习—批改评价—课堂总结"等教学环节。有时用 1 课时就可以完成这一过程，有时则需要多课时交融进行。

一、课程导入

在课堂教学中要培养、激发学生的兴趣，首先应抓住课程导入这一环节，在一开始就把学生牢牢地吸引住。课程导入是课堂教学的一个重要环节，能激起学生的探究热情与学习欲望，创设愉悦的学习情境，架起新旧知识的联系桥梁。课程导入是直接为教学新知做准备的，是一堂课成功的起点和关键。教师能否先声夺人，快捷有效地将学生带入预设的学习情境中，直接影响这一节课的成败。

二、讲授示范

讲授示范是书法教学的重要环节之一，不仅写字姿势、运笔方法要讲授示范，字的笔顺、结体、章法更需要讲解，示范书写。在习字的过程中，要让学生看清笔画的起笔、行笔、收笔以及运笔时的提、按、快、慢。对相似的笔画和字形，要在讲授示范中进行比较，指出可能出现的不正确写法，使学生在练习时更加清楚明了。不仅讲解与示范要结合起来进行，还要与指导相结合，边讲授边示范边指导，形象直观，效果更好。

教师在讲授时要注意引导学生进行观察。一个汉字的笔画书写有长短、轻重、主次、快慢之分；不同结构的部件之间有宽窄、大小、高低之分等。为了使学生练字掌握规律，每节课不仅要引导学生观察示范字的字形、笔顺，观察每个笔画的位置，还要重点指导学生观察关键的笔画，观察落在横中线、竖中线上的笔画等。写正确字靠"形"，写好字靠"型"，准确把握了示范字的笔画、部件、结构特点和组合方式，领悟了其中的书写规律，做到了"意在笔先，笔居心后"，就接近写一手漂亮的字了。

三、临摹练习

一切的创新都始于模仿。练习写字，也是要先描临后创作。学生观察示范字后，在把握特点、领悟规律的基础上，教师即可引导学生根据示范字的笔顺规则（字的笔画、笔顺）描摹习字格中的示范字。描要仔细、认真，力争做到笔笔到位、手写心记。通过两遍（通常描两遍）的描摹，学生基本记熟了字在习字格中的位置，对示范字的特点及书写规律有了深入体会。

学生习字前，可以先看黑板上的示范字或字帖中的示范字进行书空练习作为过渡。学生习字开始后，教师要巡视指导，有意识地关注不同层次的学生，对书写中普遍存在的问题，应及时在全班给予纠正；对书写困难的学生，则应个别辅导，甚至手把手教写。

四、批改评价

习字批改是书法教学的一个重要组成部分，它是教师检查书法教学效果的重要手段，使教学具有较强的针对性和指导意义。批改要及时，要注意直观性、示范性，不要笼统地给个符号或简单地批个"阅"字，要用红笔进行圈注，把学生写得好的字圈出，以鼓励学生认真习字。学生写错了的字或不认真写的字，要用红笔标出，让其订正或重写。教师可以适时写上指导性的批语，肯定优点，指出缺点，让学生及时了解自己的练习结果。同时，可采取学生自评、互评或师生共评的方式，帮助学生体会自己和别人作业中的优缺点，培养学生的审美和评判能力。

自评时，要求学生对照示范字，找出不足，同时学会用欣赏的目光审视自己的字，从中找出自认为美的字（哪怕是一个笔画、一个偏旁），告诉自己"我真棒"并与同伴交流，共享亲手创造的美好，体验成功的喜悦，增强写好字的信心。

互评时，教师要提供评价的标准及评价原则。如书写是否正确，结构是否合理，主笔是否突出，运笔是否到位，页面是否整洁，要善于发现别人的长处等。当学生有了评价的标准后，评价就能有的放矢，同时，互评可有效地帮助学生深入体会书写技巧。

教师总评时，辅以比较的方式，找优缺点。通过横向比、纵向比，评出进步作业、优秀作业，相互传阅，做好展示，让大家找差距、学优点。教师应该及时表扬激励，评语要恰当准确，对学生写得不足的地方要委婉指出，帮助其改进，发现"闪光点"。

教师要对学生的习字进行分析、评改，这是提高学生书写水平的重要一环。讲评要抓住教学重点，着重指出书写的问题，通过讲评肯定进步，纠正偏向，以引起全体学生的注意，起到巩固和提高的作用。

五、课堂总结

课堂总结是完成课堂教学任务的终了阶段，是教师富有艺术性地对所授知识和技能进行归纳和转化升华的过程。书法教学要提高效能必须进行课堂总结，要对本节课的知识结构进行整理和归纳，按知识点之间的内在联系归纳出学习知识的线路，具体的知识点要尽可能留出空白由学生来填。与其他章节知识联系紧密的，在归纳出本节知识结构的基础上要体现与其他章节知识的联系，同时还要引导学生对学习方法进行归纳，最终达到对知识的融会贯通。

第二节 课程导入示例

一、什么是导入

导入，顾名思义指"引导"和"进入"。在课程导入中，"引导"是教师的行为，"进入"则是学生的行为。导入是教师在一项新的教学内容或教学活动开始前，引导学生做好心理准备和认知准备，并让学生明确学习目标、学习内容以及学习方式的一种教学行为。一堂课导入的成与败直接影响着整堂课的效果。所以教师上课伊始就应当注意通过导入语来激发学生的思维，以引起学生对新知识、新内容的热烈探求欲。

二、导入的意义

理想的导入是教师经验、学识、智慧和创造的结晶。它好比一把钥匙，开启学生的心扉，营造愉悦的学习氛围，诱发学生的求知欲望和学习兴趣，达到"课未始，兴已浓"的愤悱状态，所以导入无论是对教师的"教"还是对学生的"学"，都意义重大。

（一）引出课题，揭示教学意图

无论教师选择何种导入方法，都是为了引出本节课题，揭示教学意图。同时，导入可以帮助学生从上课伊始就大致了解本节课的学习目标，明确学习的方向。

（二）铺设桥梁，衔接新旧知识

导入是课与课之间的"桥梁"和"纽带"，具有承上启下的作用，既是先前教学的自然延伸，也是本节课教学的开始。巧妙地导入，使新旧知识之间建立一种非人为的、实质性的联系，为深入学习新的知识打下基础。

（三）引起注意，迅速集中思维

注意是人的心理活动对一定对象的指向和集中，是进行任何学习活动的前提条件。俄国教育家乌申斯基说过："注意是我们心灵的唯一门户，意识中的一切，必然都要经过它才能进来。"导入时，教师必须首先对学生的注意进行唤起和调控，调动学生的认知注意和情绪注意，如果课程导入环节设计不好，学生的注意力不集中，对教师给予的各种刺激就会视而不见、听而不闻，影响新知识的学习。而富于创意的导入，具有先声夺人、引人入胜的效果，学生上课伊始就把注意力转移到新课的学习上来，为完成新的学习任务做好心理准备。

（四）激发兴趣，产生学习动机

兴趣是入门的钥匙，是知识的"生长点"。学生学习有兴趣，就能全神贯注，积极思考。贴切精练的语言，正确、巧妙地导入新课，可以激发起学生强烈的求知欲望，引起学生浓厚的兴趣，激发学生热烈的情绪，使他们愉快而主动学习并产生一种坚忍的毅力，收到事半功倍的效果。所以，善导的教师，在教学之始，就千方百计地诱发学生的求知欲，使学生有一种力求认识世界、渴望获得知识、不断追求真理的意向。

学习动机是推动学生学习的内部动力，是激励和指引学生进行学习的一种需要的心理状态，也就是学生要学习的愿望、意愿。早在春秋时期，孔子在《论语•述而》中就说："不愤不启，不悱不发。"教师在学生进入"愤"的状态时"启"，在学生进入"悱"的状态时"发"。导入时，教师的最主要的工作之一就是引导学生进入"愤悱"的状态。学生一旦进入了这种状态，就能产生强烈的学习动机，主动、自觉地投入学习中去，变被动的"要我学"为主动的"我要学"。

三、导入的方法

在书法教学中，我们总结出了以下 15 种导入方法及案例，希望对您的教学导入有所帮助。

（一）故事导入法

故事导入法是通过讲故事的方法导入新知识。生动的故事可以吸引学生的注意力，激发学习的兴趣，从故事中找到练字、写字的榜样和动力。

示例 十字八点法的导入

颜真卿三岁的时候，父亲病死了，母亲带他回到了外祖父家。颜真卿的外祖父是位书画家，母亲也是个知书达理的人。他们见颜真卿很聪明，就教他读书写字。颜真卿练起字来很专心，一笔一画从不马虎，一写就是大半天。母亲见儿子练字这样用心，心里又喜又愁：喜的是儿子将来一定会有出息，愁的是家境不宽裕，哪有余钱买纸供他练字呢？颜真卿很懂事，见母亲为没钱买纸的事犯愁，就悄悄地自己开始琢磨。一天，颜真卿高兴地对母亲说："我有不花钱的纸笔了，您别发愁了！""傻孩子，纸笔哪有不花钱的呢？""您瞧，这不是吗？"颜真卿手里举着一只碗和一把刷子，欢快地说："这只碗是砚，这把刷子当笔，碗里的黄泥浆就是墨！""那……纸在哪儿呢？"母亲又问。颜真卿用手指了指墙壁，认真地说："这就是纸！不信，我写给您看！"说完，他拿起刷子，在碗里蘸满了泥浆，走到墙壁前挥"笔"写了起来。等到墙上写满了字，他又用清水把字迹冲洗掉。然后又重新写起来。看到儿子有了不花钱练字的好法子，母亲高兴地笑了。由于颜真卿刻苦好学，长大以后，他不但练就了一手好字，而且也成了一个博学多才的青年。

颜真卿聪明好学，找到了练字的好法子，我们也需要有练字的好法子，今天我们就一起来认识一种借助习字格写好楷体字的好法子——十字八点法。

（二）珍闻导入法（也叫引趣导入法）

珍闻导入法是通过介绍人世间罕见的珍闻吸引学生的兴趣和注意力。这种导入方法跟故事导入有一定的相似性，区别就在于通过新奇事物吸引学生。

示例 横钩的写法的导入

一字毁千军

1935 年 5 月初，蒋介石与冯玉祥、阎锡山在中原展开大战。冯玉祥和阎锡山为了更好地联合讨蒋，曾商定双方部队在河南北部的沁阳会师，以集中兵力歼灭驻守在河南的蒋军。但是不幸的是，在拟定作战命令时，冯玉祥的一名作战参谋把"沁(qìn)阳"的"沁"多写了一笔，成了"泌(mì)阳"。碰巧河南南部就有个泌阳，不过这个地方与沁阳有千里之遥。冯玉祥的部队接到命令，匆匆赶往泌阳，结果贻误战机，错过了聚歼蒋军的有利时机，使蒋军获得了主动权。在近半年的中原大战中，冯、阎联军处处被动挨打。一字之差，最终导致冯、阎联军在中原战场的全面失败。

同学们注意本节"横钩的写法"，也一定要和前面"横折的写法"区分开。写出规范、漂亮的笔画。

当然，珍闻导入不仅仅限于形近字或相似偏旁部首的学习导入，教师还可以结合自身知识储备，挖掘奇闻逸事来激发学生学习书法的兴趣、调动他们学习的积极性，导入新知识。

（三）游戏导入法

游戏导入法是上课伊始，先组织学生做游戏，在游戏中逐步导入新知。书法课堂可以多用一些游戏导入的方式，比如组字游戏、拆字游戏、猜字游戏、击鼓传花游戏、捉迷藏游戏等，教师可根据具体课程内容灵活设置游戏。这里我们列举击鼓传花游戏和捉迷藏游戏，希望能对您的教学提供帮助。

示例一 击鼓传花游戏——"横"的写法导入

教师借助一支粉笔（一朵红花或一块橡皮也可），从某位同学开始，按照一定顺序传递，教师背对学生，随时喊"停"，粉笔（红花或橡皮）落在谁手里，就请谁说出一个包含"横"画的字（因低年级学生的汉字储备有限，此游戏可允许选中学生有一次求助机会）。等学生说出四个至五个包含"横"画的字之后，请同学们观察这几个字中"横"画的不同写法，然后引出本节主题"横"的写法。

击鼓传花游戏在任意一课都可以使用，请大家灵活选择。

示例二 捉迷藏游戏——"反文旁"的导入

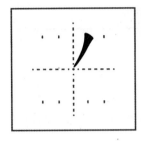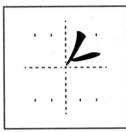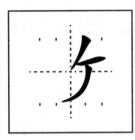

　　教师逐步出示如上图所示的"短撇""横""撇""捺"。每一笔写完均请学生猜一猜是哪一个偏旁部首，最终确定"反文旁"，引出本节主题。另外，"捉迷藏游戏"还可以用在示范字的练习书写中，增强课堂练习的趣味性。

（四）图画导入法

　　图画导入法就是用一张或几张精美的图画或随手勾画的几笔，给学生带来一种异彩纷呈的感觉，让僵化的事物在学生的心中"活"起来，从而迅速进入书法课堂。

示例 "横斜钩"的写法导入

图一　　　　　　　　　　图二　　　　　　　　　　图三

　　上课伊始，出示图一，请同学们先观察这幅图，结合小鸟的动作说出自己想到的一个字，很快会有同学说出来"飞"，再出示图二确定大家说的是正确的，然后出示图三楷体"飞"的写法，引出本节课主题"横斜钩"的写法。

（五）歌谣导入法

　　歌谣，特别是童谣，是小学生喜闻乐唱的一种艺术形式。在课堂教学中有目的地引入一些童谣，并加以诱导，可提高学生的想象力和思维能力。

示例 "门字框"的导入

> 门字就像一扇门，
>
> 门里有耳听新闻，
>
> 门里站人亮闪闪，

> 门里张口讲学问，
>
> 门里挂日午间到，
>
> 门里有才门闭紧，
>
> 门里奔马想闯关，
>
> 门里种木是闲人。

（六）歌曲导入法

以歌曲来导入新课，可使学生心情愉快地投入学习，有利于发展人的智力、活跃课堂氛围。

示例 "捺"的应用导入

播放或请学生试唱歌曲《生僻字》开头部分：

> 我们中国的汉字
>
> 落笔成画
>
> 留下五千年的历史
>
> 让世界都认识
>
> 我们中国的汉字
>
> 一撇一捺都是故事

通过"一撇一捺都是故事"导入本节主题"捺"的应用。

歌曲导入法既可以活跃课堂氛围，融洽师生关系，又可以释放学生心灵，在轻松愉悦的氛围中感悟新知，获得学习的乐趣。

（七）直接导入法

直接导入法就是教师开门见山地点出课题，并由课题生发出去。优点是主题突出、论点鲜明。教师简洁、明快地讲述或设问是直接导入成功的关键。直接导入适合于一个比较完整的学习内容的开始，且师生比较熟悉，学生学习自觉性较强时适用。

示例 "左右相同"的导入

很多汉字的书写都是由两个相同的部件组成的，今天我们就来学习左右结构的汉字中的左右两部分相同的书写技巧。

本导入方法在运用时要注意：不应一开始就直接导入新课的内容，应对本节课教学内容和教学要求进行简短概要的说明，以引导学生将注意力集中到新课教学中。

（八）间接导入法

间接导入法就是由相关的问题或者事件导入新知识的学习。间接导入不仅可以吸引学生的注意力，更可以引起学生对所授新知的深入思考。

示例 "竖折的写法"导入——二四手指操

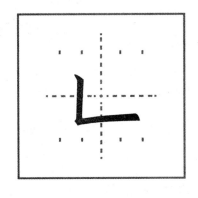 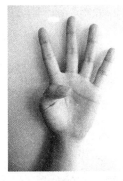 

图一 图二

学生左手做出图一手势，右手做出图二手势，两手同时出示；然后交换，同时右手出示图一手势，左手出示图二手势，逐步加快交换频率，学生手忙脚乱易出错。以此启发学生看似简单的动作，要想配合默契，也需要多加练习。"竖折"的写法也是如此，我们学习过"横""竖"的写法，但是如何写好"竖折"依然需要用心练习。

竖折是在学生学过"横""竖"的基础上进行的学习，会存在不认真书写的现象。以此导入，提醒学生认真书写。

（九）迂回导入法

迂回导入法就是先解决一些容易解决的问题，然后再触及教学的重点和难点。书法教学中运用迂回导入法可帮助学生逐步接触问题重点，循序渐进理解所学内容。

示例 "左窄右宽"的导入

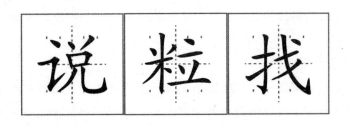

通过看一看、写一写、找一找，说一说三个字的共同之处：看，字的间架结构；写，自己动手书写这三个字；找，找一找这三个字中的共同之处；说，同桌、前后桌之间说一说，在讨论中找到相同之处——点画，引出左右结构书写规律——左右结构中，左边笔画少或者右侧有伸展笔画，应左窄右宽。

（十）悬念导入法

悬念，即暂时悬而未决的问题，能够引起学生对课堂教学的兴趣，使学生产生刨根问底的急切心情，在探究的心理状态下接收教师发出的信息。教师结合所教内容的性质，根据教学目标，把所要讲授的问题化为悬念，把学生的注意力引导到教学目标上来。

示例一　"横折折撇/横折折折钩"的写法导入

向学生出示山路曲曲折折的图片和河流曲曲折折的图片，告诉学生，山路曲曲折折，河流曲曲折折，中国汉字笔画中也有曲曲折折，它们就是横折折撇/横折折折钩。哪些字包含横折折撇/横折折折钩，怎样才能把这两种笔画写好呢？就在咱们今天要学习的基本笔画中。

示例二　"点竖对正"的导入

请学生自己书写点画，然后依次书写"市""永""帝"三个字，并提问：点画写在什么位置最合适？点画和竖画之间的位置存在什么关系？引起学生思考后，引入本节主题：点竖对正。

悬念导入法是常用的导入方法之一，请各位教师灵活运用。

（十一）目的导入法

目的导入法就是上课前先把本节要完成的教学目标说清楚，以得到学生的配合。这种导入方式适用范围较广，在基本笔画、偏旁部首、间架结构的教学中都适用。

示例一　"弯钩"的写法导入

本节的主要学习目标是：会写弯钩，重点掌握弯钩的书写技巧，同学们注意起笔、行笔、出尖的位置，并且能够较熟练地书写出示范字。希望今天我们每个人都能写出漂亮的弯钩。

示例二　"心字底"的导入

本节的主要学习目标是：掌握心字底的书写技巧，能结合示范字掌握心字底的书写位置，体会示范字的间架结构，加深对心字底的书写理解。希望今天每个人都能写出漂亮的心字底。

示例三　"撇捺伸展"的导入

本节的主要学习目标是：掌握撇捺相交时，撇捺收笔高低的书写技巧，通过示范字的书写，同学们逐步加深对这一技巧的理解。希望每个人都能掌握好这一书写技巧。

（十二）作用导入法

作用导入法就是讲课前先把本课所要讲的知识的作用介绍给学生，以激起学生的学习欲望。

示例一　"竖"的应用导入

每个汉字都是由基本笔画组成的，熟练掌握基本笔画书写技巧，可以为我们以后写出漂亮的汉字奠定良好的基础。我们马上要学习的"竖"的写法在汉字基本笔画使用频率中排在第二位，在汉字中起到支撑作用，掌握了竖的书写技巧，对将来大家写好汉字会有非常大的帮助。比如"基本笔画"四个字中就有 7 画用到长竖和短竖。可见"竖"在汉字中的重要性，所以请大家认真学习我们这节课的内容。

示例二 "口字旁"的导入

字典里，"口"字旁和"言"字旁的字加起来，构成了中国汉字部首类里最庞大的家族。而且曾有研究总结出了最常用的 520 个汉字，这 520 个汉字，大约由 100 个偏旁部首组成，其中使用频率最高的就是"口"，另外在《中国常用字部件构字数表》中出现次数最多的部件也是"口"，由此可见"口"在汉字中的重要程度。本节课我们就一起来学习由"口"做偏旁时的书写技巧。

（十三）课题导入法

课题导入法就是直接分析题目的含义，以课题进行新知识的引入，激发学生的原动力，进而传授知识的方法。课题导入有利于帮助学生尽快抓住重点，进行学习。

示例一 "草字头"的导入

今天我们一起来学习"草字头"，字典中查找该部首，可以找到数百个字，而且这些字大多跟植物有关。本节课我们就来学习"草字头"和它的示范字。

示例二 "左小右大"的导入

很多汉字都是左右结构的，今天我们就来学习左右结构中的第二种：左小右大，左偏上。比如"吸""峰""攻"，三个字中的左边部分的"口"部、"山"部、"工"部都是小而偏上的。它们具体的组合技巧就在我们本节课的学习中。

（十四）切入导入法

切入导入法就是抓住所要学习内容的某一重点或难点，单刀直入，直插课程精彩部分。切入导入法能够迅速有效地帮助学生抓住重点。

示例 "斜撇的应用"的导入

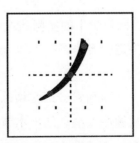

出示上图，撇在汉字笔画使用频率中排在第三位，很多字中都有撇画，这一画的书写重点在于掌握撇画的长度，在示范字中能够掌握撇画的书写角度。请同学们在本节课的学习中格外注意。

（十五）衔接导入法

从教学知识整体结构出发，根据同一类型知识的顺序，承上启下，承前启后导入新课，帮助学生明白知识之间的前后联系。

示例 "门字框"的导入

在基本笔画中学习了点画、竖画和横折钩画的书写，"门字框"既是这三种笔画的组合，又是以后学习"框型结构"的基础，起到了承上启下的作用。本节课我们就一起来学习门字框。

其他偏旁部首，如木字旁、竖心旁、草字头、提手旁等也可以用这种导入法，另外还可以用在组合规律教学中同类技巧的导入。

第三节 课堂总结示例

一、什么是课堂总结

课堂总结是指在课堂结束之前，利用两三分钟的时间，教师富有艺术性地对所学知识和技能进行归纳总结，并予以升华和延展的教学行为方式。课堂总结是一节课中必不可少的教学环节，良好的课堂总结可以激发学生的思维，带来画龙点睛的效果，应该引起教师的足够重视，让学生感到"课已尽，意无穷"。

二、书法课堂总结的要求

（一）科学准确

书法课堂总结，最起码的要求是保证科学性、思想性，同整堂课的前几个环节一样，向学生传授的书法知识技能是准确的、科学的。

（二）目的明确

书法课堂总结，要结合教学目标和学生的实际状况，具有明确的目的性，或从重点、难点进行强调，或从思想教育方面进行升华。

（三）言简意赅

课堂总结，要做到重点突出，干净利索、语言精练地收尾，起到画龙点睛的作用。课堂总结的最重要作用在于提纲挈领地归纳总结出本节所学，提示学生抓住重点，切忌拖泥带水。

（四）富有启发

课堂总结，要给学生以启发，最好教师启发学生总结出一节课所学，以激起学生探索的积极性，做到点而不透。如果把一节课比作凤头、猪肚、豹尾，那么总结就应像豹尾一样强劲有力。

（五）有教育性

课堂总结，要尽量变得富有思想性和感染性，尤其是我们书法教学既是在帮助学生提高书写技能，又是在传承中华传统文化。在课堂总结中，结合实际情况，使学生在准确掌握知识的同时，受到思想和情感上的陶冶。

三、课堂总结的常见形式

教学有法，教无定法。在遵循一定要求的前提下课堂总结没有固定的形式，教师可根据课型和课堂上学生的实际情况来设计不同的总结。以下是比较常见的 10 种课堂总结方式，仅供参考。

（一）归纳总结式（提纲挈领式）

归纳总结式是指教师在总结一节课时，运用准确、简练的语言，提纲挈领地使新知识在学生大脑中经过信息编码而定格。根据教学内容，结合班级学生的特点，在课堂总结时可以提出针对本节课的问题，激发学生的探索意识，将所学内容进行归纳、整理，使之系统化。

示例 "竖钩的写法"的课堂总结

问题一 同学们，今天我们学习的基本笔画是什么？（学生回答出"竖钩"的写法。）

问题二 怎样写好这一基本笔画？（引导学生说出竖钩笔画的起笔、行笔、收笔技巧：稳起笔，慢写竖，直下行至末端停，蓄力出尖左上行。）

问题三 怎样才能写好这一笔画？（引导学生说出多练习）

通过提问归纳总结，锻炼学生运用准确、简练的语言将所学内容进行概括，同时直接帮助学生整理思路，加深对所学内容的理解。归纳总结式的总结是最常用的课堂总结方式，在规范书写教学的课程中都可以广泛应用，请大家灵活选择。

（二）启迪思维式

成功的教学所需要的不是强制，而是激发学生兴趣。兴趣是学生主动学习、积极思维、探索知识的内在动力。通过引起学生兴趣来启迪学生思维，也是课堂总结的一种重要方式，概括起来可以分为以下两种启迪思维，引起兴趣的方法：

1.伏笔式

伏笔式，即学习完本节内容后，有意留下一个"尾巴"，提出一些有一定难度的问题，而这些问题又是下一节课要探究的，让学生带着疑问结束一节课的学习，达到意犹未尽的效果，从而激起学生主动探索的兴趣。

示例 "撇捺伸展"的课堂总结

师生共同总结，本节所学：撇捺伸展——撇捺做主笔时，要伸展写长。在上，撇低捺高；在下，撇高捺低。师生共同按照此规律依次边说边书空本节课的示范字，再次强调：在上，撇低捺高；在下，撇高捺低。然后抛出问题：竖撇收笔时，竖和撇又该怎样书写呢？请学生课下思考，下一节课我们再仔细探究。

这样的总结既总结概括了本节所学的重点和难点，又为下一节课的教学埋下伏笔，促使学生发现新旧知识之间的联系，主动建立知识结构。

伏笔式课堂总结应用很广，尤其适合前后两节课内容联系较紧密的课之间，请大家灵活运用。

2.延伸式

由于课堂教学的时间有限，要想让学生在课堂学习中掌握更多的与课堂教学内容相关的知识，可以在课堂总结环节，鼓励学生课后继续探寻与本节相关的内容，将课内学习延伸到课外。比如可以采取鼓励学生自己动手搜集相关资料、推荐学生阅读相关书籍、与家长一起探索等方式激发学生课外探索的兴趣。

示例 "三点水"的课堂总结

师生共同总结"三点水"的书写技巧，即首点找位左中点，二点左延位上移，提尾对点尾。师生一起说出示范字书写的技巧。

教师布置任务：①找一找学过的带"三点水"的字。

②与家长一起，试着说一说这些字的书写技巧。

延伸式的课堂总结，实现课内和课外学习的有机结合，既可以帮助学生巩固所学知识，又可以拓展学生的知识面。教师可以在学生学习任务不重的时候，多使用这种总结方式来拓展学生的书法知识。

（三）分析比较式

分析比较式就是教师将本节课所学内容与之前类似的内容进行比较总结，找出它们之间的相同点和不同点，帮助学生将本节所学内容与相关内容区分开来，同时加深对本节所学内容的理解。

示例 "横折钩（二）的写法"的课堂总结

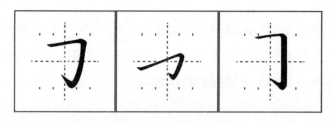

教师可根据教学实际，在课堂总结时用分析比较式课堂总结，引导学生结合示范字，比较体会"内收横折钩"的写法，注意起笔向右行，速写横，折停后，竖内敛至末端，收笔尖角向左上提；"尖角横折钩"的写法要注意左下起笔，右上行，尖角内折左下行，行至中点弹出钩；"横平竖直横折钩"的写法关键在于速写横，停笔转折，竖直向下至末端，向左上起笔方向迅速出钩。在比较中，让学生不至于混淆三种写法，达到教学目标，提升教学效果。

（四）图表式

图表式总结就是通过图示和表格的形式，引导、归纳、总结出当堂所学的知识，或揭示同以前所学知识的联系和区别。

示例 "撇捺对应"的课堂总结

本节课作如下总结，帮助学生明确撇捺组合不同位置的书写技巧：

撇捺组合	相同点	不同点
撇捺在上	交点 居中	撇直，捺略弯，撇低捺高
撇捺在中		撇捺分开角度变大
撇捺在下		撇弯，捺直，撇高捺低

通过表格对比，清晰、明确，一目了然，在学习组合规律，或者相似的基本笔画时，可以多运用这种总结方式，帮助学生明确联系，加深理解。

（五）交流评价式（互动式）

书法课堂应该给学生足够的时间和空间去思考和练习，让学生有机会畅谈自己的书法学习体验和收获，有机会表达自己的困惑、喜悦和心得。这种课堂总结方式是开放的，不仅关注学生的书法学习结果，而且关注学生学习书法的体验和感受，关注学生的情感、态度和价值观。

示例 任意一节课的课堂总结

师： 这节书法课带给你什么样的感受？

生： 自由回答（教师做积极鼓励式评价）。

师： 如果用满分10分表示你对本节课自己表现的满意度，你会打几分？为什么？

生： 自由回答（教师根据学生的回答，积极地给予表扬肯定，打分较低的可以适当鼓励引导，必要的时候课下指导）。

这种课堂总结方式通过你说、我说、他说，发展学生思维，调动学生学习的积极性，激发学生学习的内驱力，同时可以有效地加深师生之间的沟通，活跃课堂氛围，给予了学生更多的参与课堂交流的机会，学生畅所欲言，有利于培养他们的书法兴趣，增进自身书法学习的情感体验，是学生尽情发挥才智、引领学生情感升华的好机会。

（六）活动激趣式

1.游戏活动总结

把游戏引入课堂，寓课堂总结于游戏中，使学生在轻松、愉快的活动中掌握新授知识。这种总结方式比较适合低中学段的学生。

示例 "绞丝旁"的课堂总结——词语侦探

游戏规则：教师依次读出下列词语，当词语中有含有绞丝旁的字时，学生迅速举起左手，没有绞丝旁的词语时，学生迅速举起右手。同桌相互监督。游戏结束，出错四个以上的同学上讲台板演一个"绞丝旁"的示范字。

河流 安逸 源源不断 眼花缭乱 纤细 约定 掩耳盗铃 蒲公英 纸上谈兵……

游戏式的课堂总结，不仅巩固今天所学的，而且让书法课变得生机盎然，增加学生的学习兴趣。教师可以根据班级实际情况灵活设计游戏总结，让学生在轻松愉悦的氛围中结束一节课的书法学习。

2.竞赛活动总结

比赛能鼓励人争先创优，每个人都有上进心和自我表现的需求，学生的这种愿望更加强烈，他们希望受到老师的表扬，同学的赞赏。在比赛中获胜，能很好地满足自己的表现欲望，所以在课堂总结时我们可以通过竞赛活动的方式，满足学生自我表现的同时，加深学生对本节所学内容的印象。比赛可以是个人赛也可以是小组赛。可以进行抢答比赛，也可以是书写练习成果展示赛。教师可根据自己班级情况灵活设置竞赛总结规则和内容。

示例一 "横折弯钩的写法"的课堂总结——小组抢答赛

比赛规则：前后桌四人一组，教师提出问题后，学生举手发言，其他组可以补充，每答出一条，积一分，得分最高组获胜。获胜组的成员的名字将出现在书法主题板报表扬栏中。

问题一：横折弯钩的书写技巧

回答要点：1.轻入笔，左上行；2.右上尖角，左下行；3.左下圆角水平向右，收笔正上提。

问题二：示范字"九"的书写技巧

回答要点：撇折平行，横上扬，撇尾对横，弯钩展。

问题三：示范字"几"的书写技巧

回答要点：撇立折直，撇尾对横，弯钩展。

问题四：示范字"乞"的书写技巧

回答要点：二横平行，弯钩展。

问题五：你学这节课有什么心得体会？（学生言之成理即可得分。）

示例二 任意一节书法课——书法练习成果展示赛

比赛规则：认为自己书写优秀的同学自己主动到讲台前，展示自己本节课的书写，并一一说出在书写过程中运用了哪些技巧，有哪些书写注意事项，说出自己书写好在哪里（教师及时鼓励大家多发言，展示自己）。待所有同学发言完毕，全体学生举手选出全班认为书写最好的五个人。将他们的作品放到班级优秀作品展览区或者书法主题板报展览区展览。

运用竞赛式总结，教师要注意多鼓励全体学生发现书写优秀学生的优点，找出自身书写的不足，教育全体学生，培养他们积极进取的品质。

3.故事活动总结

故事有一定的情节，学生喜闻乐见，把它引入课堂总结，可以培养学生的书法兴趣，也会收到很好的效果。

示例 "竖的应用"的课堂总结

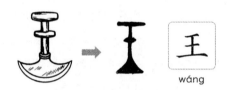

"王"字原是一把斧头的轮廓。那时的大斧是两面双刃的，显示了它的无所不能。于是它的斧口部分，就形成了"王"字上下部分的两横，斧柄则形成"王"字中部的一横。经过长期的演变和发展，"王"就成为古代隶书和今天楷书时的样子。"王"字的原意是大斧，大斧既是劈山开路的工具，也是征战杀戮的兵器，谁掌握大斧谁便拥有至高无上的权力，谁就是"王"，这也是祖先以大斧作为权力的象征的原因。王字三横一竖，三横代表天、地、人；一竖通天地人。"王"字中竖笔大家要注意：起笔停稳，竖直向下，行笔要稳，稳稳停。

教师可以结合汉字起源的故事，灵活运用到导入和总结中，增加书法课堂的趣味性。注意故事活动总结要简洁，避免拖泥带水。

4.口诀式总结

口诀式总结即教师结合教学内容，精心编制口诀让学生朗读、记忆的总结方法。这种方法既能激发学生的学习兴趣和热情，又能促使知识的牢固记忆。

示例 "心字底"的课堂总结

心字底，像卧佛，自然安详字底卧，

卧钩稍缓略写扁，一字穿心点两边。

口诀式总结可以在任意一课使用，课本中每节课，每个字的书写，都总结了它的书写技巧，只要稍加整理就是口诀，教师可以根据自身经验和班级学生特点灵活使用，以更好地帮助学生掌握书写技巧。

（七）渗透式总结

书法教学的思想品德教育，一定要注意与书法知识、技能的教学有机结合，把书法知识掌握与思想品德教育有意识恰当地联系起来。将有意识的教育寓于无意识的受教育之中，做到在知识教学中自然、适时、适量地渗透。渗透式总结可以有效地帮助书法教学达成情感、态度与价值观目标。具体可以借助以下两种方式进行：

1.结合示范字或者偏旁部首渗透

根据汉字的结体规律和美学原则，阐析字形同做人之间的联系，把写字同育人结合起来，使学生在情趣盎然的字形分析中掌握写字规律，明白做人的道理，受到守纪律、团结协作、谦让互助等方面的教育。

示例 "木字旁"的课堂总结

木字旁中有一个示范字"林"，教师可以结合这个示范字做如下渗透：

这节课我们学习了"木字旁"的书写，请学生再次观察"林"字的书写，如果两个"木"不作变化，互不相让，就会影响字形美观。把左边"木"的一捺写成一点，字就漂亮多了。这就像同桌之间，两个人如果手都撑得很开，就会引起吵架、争议。但如果两个人互相主动让一下，不就可以友好相处了吗？

这样总结既生动形象，又使学生从中受到启发，知道了你争我占不谦让会影响团结，集体生活中不能事事以自己为中心，应多考虑他人利益，形成和谐融洽的人际关系。

2.通过优秀作品展示做渗透式总结

教师可以选出班级书写的优秀作品，通过两步实现对学生的品德教育：

第一步，欣赏字的间架结构，感受汉字的形体美，养成正确的写字姿势和良好的写字习惯；

第二步，学生分享书写心得，相互学习，帮助学生养成团结协作、互帮互助的习惯。

（八）前呼后应式

前呼后应式总结需要教师在导入新课时给学生设疑置惑，总结时释疑解惑。这样前呼后应形成对照，使学生豁然开朗。

示例 "点竖对正"的课堂总结

教学伊始，教师做如下导入：

请学生自己书写点画，然后依次书写"市""永""帝"三个字，并提问：点画写在什么位置最合适？点画和竖画之间的位置存在什么关系？引起学生思考后，引入本节主题：点竖对正。

课堂总结：通过本节课的学习我们知道"点在字中第一笔，首点要居正，点下有竖时，竖对点"。

这种前呼后应式的总结不仅能给学生留下深刻印象，更重要的是可以帮助学生进一步掌握本节课的主要内容。

（九）轻松结尾式

轻松结尾式也是一种使用较多的总结方法，常用的表达方式就是："同学们，这一节课的内容就学完了。"

通常来讲，此种方法在一定的条件下适用：一是本节课的教学任务全部完成，顺利达到了教学目标，这时不必再多说；二是学生近日各科学习任务较重，需要得到休息，以缓解大脑的紧张状况，在这种情况下，轻松结尾比较合适。

（十）表扬鼓励法

喜欢受表扬是人们共有的心理状态，学生更加如此。一节课结束时，对学生进行表扬鼓励，会使学生受到莫大的鼓舞。特别是在一个单元即将结束的那节课的结尾运用表扬鼓励法对这一单元中表现良好的学生进行表扬鼓励，既表扬了表现好的学生，又对其他学生起到强化、榜样作用，会显示出意想不到的效果。

第三章 书法教学中的教师示范

第一节 教师示范的意义

孔子说："其身正，不令而行；其身不正，虽令不从。"现在教师们则常说："喊破嗓子不如做出样子。""身教重于言教。""榜样的力量是无穷的。"这些不同的说法，究其实质，都强调了示范的作用。可见示范是一种直观的、现实的、可供仿效的形象教育，也是一种无声的，可以起到"此时无声胜有声"的潜移默化的教育。

书法是一门实践性很强的学科，尤其是基础的技法教学，必须借助一定的示范，才能使学生更直观地明白漂亮的字是怎么写出来的，然后通过自己的实践来感受认知书法的美。而事实表明，在这个转化过程中，学生表现出来的更多的是眼高手低，观察的审美能力高于书写的审美能力。因此在教学时，如何帮助学生切实有效地提高书写能力，则成为教学时的重点，亦是难点。把握重点，攻破难点，方法很多，示范则是其中的重要一法。

在书法教学中，教师的准确示范是必不可少的，也是非常有意义的。

良好的教师示范，能树立教师在学生心目中的威信。作为学生的一面镜子，教师要善于利用自己的身份和角色来影响学生，使学生仰慕你那扎实的专业知识和过硬的基本功，从而使学生喜欢你的书法课。当教师把学生遇到的有难度的问题，经过示范和演绎，用自己广博的知识、扎实的专业技能展示出来时，这种对问题处理的表率示范行为，会让学生钦佩，更加"亲其师，信其道"。

良好的教师示范，能激发学生学习书法的兴趣。举个简单的细节：学生在基础教育阶段，都有很强的向师性。教师如果善于贴近学生，示范讲解完后乐于把自己的范作作为奖品奖励给学生，这对学生来说是莫大的荣幸和诱惑，有利于调动学生学习书法的兴趣和积极性。

良好的教师示范，是多媒体等其他示范所无法取代的。书法教学是培养学生审美情趣的手段，教师的示范更是不能用其他教学手段和形式替代的。过多地依附于多媒体、字帖等，书法教师的才能和示范作用就会受到制约，因此，良好而准确的示范是其他任何教学手段都无法替代的。

良好的教师示范，能提高课堂的教学效果。在课堂教学中，教师示范的目的，就是帮助学生加深对书法技巧的理解与把握，提高学生的结体能力和线条的表现力。因此要求学生会写的字或作品，教师首先要胸有成竹、充满自信地示范，因为这时候的影响是最直接、最深刻的，尤其是对解决教学难点最有帮助，最有针对性。教师在现场示范时，学生会对教师的行为进行观察、领会，以便得到更直观的体验，这样可以提高课堂教学的效果。

第二节 教师示范的形式

教师示范分为两种，一种是动态的现场书写示范，另一种是静态的成品展示示范。

动态示范适合书写技巧的传授与展示，如利用黑板书写示范来说明运笔轻重的变化，在投影仪上书写可清晰地展示运笔顺序和速度的快慢，对于个别书写错误的纠正可在学生的作业本上直接范写说明等。

静态示范适合于欣赏、比较教学时使用，如双姿的示范、教师的范字或范作的欣赏、正确与错误对比等。

教师示范的途径比较多，书法课堂教师常用的是借助黑板、投影仪、身体、范作等来演绎、示范。任何一种示范途径都有其利弊，比如：黑板书写示范虽然可以通过彩色粉笔和颜色的深浅变化加强冲击力，但容易因视线的遮挡而失去示范的效力；个别辅导示范书写，一对一，效果很好，但不能顾全大局，不适合普及性教学，时间消耗大；投影仪示范，清晰易见，可能是目前使用频率较高的示范途径，但如果从头到尾都使用投影仪，低学段的学生也会产生视觉疲劳，产生厌倦、没有新鲜感，等等。所以，教师在教学时要根据不同的教学内容、教学环节和学生的实际情况，采取合理有效的示范，尽可能提高书法教学效能。

第三节 教师示范最优化

教师示范是书法教学的先导，教师要善于适时选择最合理的示范形式和途径来辅助教学，使示范最优化，真正提高书法教学效能，应该避免示范简单化、教条化，更不能为了示范而示范。

一、根据不同的教学内容选择最合适最有效的示范形式和途径

书法基础教学的内容大致可以分为五个方面，即双姿（坐姿与握笔）教学、笔顺教学、结构教学（位置、大小、均衡等）、笔锋教学（线条快慢与轻重的表达、笔势的连贯与呼应等）和章法教学，这既是教学的内容也是书法教学循序渐进的安排。其中双姿教学和章法教学更多的是采取静态示范，笔顺教学更多的是采取动态示范，结构教学和笔锋教学则根据需要可以动静结合示范。

启蒙阶段的双姿教学，除了在教室里张贴有关双姿的图片外，最好的方法就是教师身体力行，前者更多的是起到警示作用，后者则更具示范榜样意义。教师可端坐于投影仪前，借助投影放大讲解，尤其是握笔的姿势，由于手指相对较小，普通示范对于远距离的学生或周边的学生来说不一定能顾及，即使在教室移动示范，效果也没有投影放大讲解示范来得清晰明了。

汉字的笔顺是有标准的，不是想先写什么就先写什么笔画。笔顺的正确与否将会直接影响间架结构的美观度，使学生明确掌握每个字的笔顺，对于启蒙阶段、低学段的学生来说是至关重要的。教学时，选择动态示范是无疑的。教师可以采用多媒体课件显示笔画的先后顺序，但可能会显得有些机械僵化；也可以在黑板上书写示范，但学生的视线易被教师的身体遮挡；所以借助投影仪示范书写是最理想最有效的，因为清晰度高，视觉冲击力大，不仅可以表明笔顺，甚至可以顺带展示出笔画间的连贯性，这对学生来说也是一种潜移默化的熏陶，是多媒体课件所不能及的。类似运笔等细节的技法传授，如线条表达时速度的快慢等，如果借助投影仪，通过放大书写示范，则更能给学生直观的视觉体验。

结构教学时，可以借助黑板，通过粉笔的色差，强化显现结构特征。如在教学主笔伸展的结构特征时，例字"贵"，在用白色粉笔写好后，再用红色粉笔在主笔长横上描红，起到强化作用。此外，黑板的颜色与粉笔的颜色本身就是一组很强烈的对比，视觉效果比较好，字的大小、高低的位置等，通过黑板展示显而易见。

笔锋教学实效的显现相对于笔顺、结构来说更具滞后性，教学难度也大。比如线条轻重粗细的表达，说起来很简单：重的、粗的、颜色深的行笔速度慢；轻的、细的、颜色浅的行笔速度快。形成口诀后学生很容易熟记，但学生实践起来是达不到预期效果的。这与练习时间的多少和功底的深厚程度直接关联，教师除了让学生仔细观察黑板上范字线条的颜色深浅外（粉笔的粉质特性，使书写后会产生颜色的深浅之变），如果通过"触觉感知法"让学生感悟轻重变化，即用手指在学生的手臂上或背部书写，让学生感受轻重是如何渐渐变化的，效果就会更好些。

章法教学时，教师可以把事先写好的范本或作品放在投影仪上展示，篇幅较大的可直接悬挂于教室。基础教学阶段，教师最好不要总是选用古籍经典作为范作，可以选用自己创作的作品给学生示范欣赏，如此效果更佳。因为这样既能让学生产生钦佩感，又不会让学生觉得要达到这样的水平是遥不可及的事，对学生会有更大的激励作用。此外，范作的应用还可以使教师只用几分钟或几十分钟的时间就把一些要用很长时间也说不清的问题解决了，从而腾出更多的时间给学生练习。

教师示范的形式与途径的运用并不一定是单一的，有时为了强化某一知识点或传授某一技艺，教师可综合运用。比如前面提到的笔锋教学，动静结合，这样既吸引学生的眼球，又达到强化的目的。

二、以学生为本，把握好示范的时机

很多新教师在教学时普遍会陷入一种教学误区，就是生怕学生写不好，会出这个错，或者那个错，所以往往还没把正确的示范讲解到位，还没开始让学生尝试练习，就急匆匆地先列举出很多的错例，希望引起学生的注意，防患于未然。殊不知，这样的提示是事倍功半的。因为学生在一节课上不可能一直集中注意力听老师的讲解，开始的几分钟是他们注意力最集中的时段，对教学来说弥足珍贵，学生在还没有学习正确知识之前，却看到一堆典型的错例，有些错误可能一时还并不会犯，但给他们留下了深刻的印象，等到开始学新知识的时候，注意力已经有了分散，有的甚至开了小差。学生一旦形成错误的观念和结论，后期纠正起来是非常困难的。

学生本身是课程资源，学生书写优劣的表现也是我们的教学资源，好的作为示范，不足的成为纠错的典型，以便引起学生的注意，并及时改正，这才是真正地体现"以生为本"的教学理念。因此，依据首因效应的原理和学生注意力的特点，新授教学环节一定要在第一时间强化展示正确的示范，而在辅导纠错环节，教师可先推出学生的错例，接着再展示正确的示范，让学生通过观察比较明白错在何处，这样的教学更有针对性，效果会更好。

三、培养学生的观察比较能力是教师示范作用有效发挥的前提和保障

对于低学段的学生来说，由于受到观察力的限制，他们看了示范后并不一定能临摹到位，所以要时刻有意识地培养学生的观察比较能力，只有学会了观察，学会了比较，教师示范的作用才能得以高效显现。

书法教学中观察比较的内容主要包括：借助"十字八点格"能找准笔画的位置、能明确笔顺、能找到主笔、能区分具体笔画、能把握字形，等等。教师在引导学生写字前要先看字的笔画，思考、分析字的间架结构，哪个笔画应写在哪里，占多少位置，注意平衡、等距、长短、垂直的合理性，然后再写，让学生养成"一看二想三写"的习惯。

比如对间架结构的观察，在教学单字"皮"的写法时，学生在看了教师的范写后，还没等老师分析讲解要领，有的学生就会匆匆提笔开写，结果写出来的"皮"字就五花八门，这时将学生的字与老师的范字进行对比，并逐一帮助他们找到问题，指出症结所在，再次练习时就会大有长进。

又如运笔方法中，在"竖"画的教学时，可先投影出示静态的长竖与短竖的图片，让学生观察比较它们的运笔差异，然后教师加以正确示范，再请学生临摹，效果就很好。所以培养学生爱观察、会观察，养成良好细致的观察习惯，才能确保教师的示范更有效。

第四章 书法教学评价

第一节 教学评价的作用与意义

一、教学评价的定义

教学评价是以教学目标为依据，按照科学的标准，运用一切有效的技术手段，对教学过程及结果进行测量，并给予价值判断的过程。

书法教学评价，就是依据书法教学目标，运用一切有效的方法和手段，对教师教和学生学的过程及结果进行测量，并给予规范书写程度判断的过程。

书法教学评价主要解决如下问题：

1. 评价什么

突出书法课程评价的传承性和实用性，可依据预设的教学目标来评价教学效果，以全面考查学生的书法素养。

2. 谁来评价

在书法教学中采取教师评价、学生自我评价和学生间相互评价相结合的方式。另外，还可以让学生家长积极参与评价活动。

3. 怎样评价

结合多种有效的评价方法，将来还会借助智能手段，对书法教学的各个环节进行评价。尤其注重发展性、激励性评价，注重质性评价与量化评价相结合。

二、教学评价的作用

教学评价的根本在于促进学生成长。具体而言，对教师的教和学生的学都有相当重要的作用。

（一）诊断作用

诊断作用主要是对学生学习效果的诊断，从而去判断学生学习效果不好的客观原因和主观原因，就像身体检查一样，找出病变，解决矛盾。对于书法教学来说，主要是通过评价发现学生在书写中存在的问题，找出解决的方法。

（二）鉴别作用

教学评价的鉴别作用一方面是学校对教师能力的鉴别，根据教师的已有知识经验和水平来决定教师是否有资格晋升或者接受培训，另一方面就是对学生的学习水平、学习效果的鉴别，从而根据学生的学习情况进行有针对性的教学。

（三）导向作用（调控作用）

教学评价不仅指导着教师的教还指导着学生的学，对教师的指导主要是指是否偏离教学轨道、教学目标以及教学重难点；对学生的评价主要是对学习效果的评价。

（四）激励作用

科学的、合理的教学评价可以调动教师教学工作的积极性，激起学生学习的内部动因，使教师和学生都把注意力集中在教学任务的某些重要部分。对教师来说，适时的、客观的教学评价，可以使教师明确教学工作中需努力的方面；对学生而言，适当的评价可以提高学生的积极性和学习效果。所以教师在日常书法教学中要注重发展性、激励性评价的运用，及时发现学生身上的闪光点和进步点，适时对学生进行表扬、鼓励，在增进师生关系的同时又促进学生进步。

（五）育人作用

书法教学评价的育人作用在于不仅能让学生在书法知识上获得提升，而且在其他层面，如书写技能、书法欣赏等德育和美育方面都能够得到发展，实现育人作用。

三、书法教学评价的目的

《中小学书法教育指导纲要》中将书法教育评价的目的确定为：中小学书法教育评价要发挥评价的发展性功能，旨在激励学生学习书法的兴趣，养成良好的书写习惯，提高书写水平和审美情趣。

四、新的教学评价理念与书法教学

自新课改以来，教学评价出现了许多新的评价理念：

（一）**在评价功能上，要由侧重甄别和选拔转向侧重发展**。在书法教学评价中，尤其侧重发展，书法教学既是对传统书法的继承，又对学生的发展有重要影响，良好的书写习惯能够让学生受益终身。

（二）**在评价对象上，要从过分关注对结果的评价逐步转向关注对过程的评价**。在书法教学评价中，多关注学生在书写过程中的进步点及时表扬鼓励，促进学生进步，培养学生的书法兴趣。

（三）**在评价主体上，要强调评价主体多元化和评价信息多元化，重视自评、互评的作用**。在书法教学评价中，教师做好组织、引领的同时，多鼓励学生参与到书写评价中，鼓励学生大胆评价自己的书写；同时积极参与互评，共同进步。自评、互评的评价方式不仅印象深刻，还能够集思广益、取长补短，更有利于全体学生进步。

（四）在评价结果上，不仅要关注评价结果的准确、公正，更要强调对评价结果的反馈以及被评价者对评价结果的认同和对原有状态的改进。书法教学评价不是告诉学生自己写得对与错，而是通过评价，帮助学生在原有的写字技能上更加进步。所以在书法教学评价中要明确好，好在哪里；有不足，怎么改进。以便帮助学生获得更大进步。

（五）在评价方法上，要强调评价方式多样化，尤其注重把质性评价与量化评价结合起来，以质性评价整合量化评价。在书法教学评价中既要注重书写的量，更要注重书写的质。

（六）在评价者与评价对象的关系上，要强调平等、理解、互动，体现"以人为本"的主体性评价的价值取向。所谓"闻道有先后，术业有专攻"，书法教师一定要有正确的教育理念，书法教学的主体是学生，教师是引导者和促进者。在书法教学评价中要明确关系，相互理解，相互尊重，相互欣赏。

五、教学评价的意义

教学评价对教师、学生和教学质量都具有重要意义：

（一）促进学生发展

书法教学从结合学生已有知识和经验出发，学练合一，动手、动脑合一，学生逐步掌握书写技巧，促进学生书法知识技能的发展。而且书法教学评价不仅关注教学效果，还关注教学过程；不仅关注教师的教学行为，更关注学生的学习过程和情感体验。总之，在书法教学评价过程中通过教师鼓励、教师指导、学生自评、小组互评等多种形式来促进学生发展。

（二）提高教师专业素质

新课程理念下《课堂教学评价标准》将课堂评价改革目的明确定为：评价不在于过分强调甄别与选拔功能，而是发挥评价促进学生的发展，教师提高和改进教学实践的功能。其还对教师明确提出"建立促进教师不断提高的评价体系"，着重探讨应该用什么样的标准评价课堂教学问题，如何引导与帮助教师提高专业素质。可见，课堂上教师所扮演的角色不仅是以往评价的主要对象，更应是学生教学活动的组织者、引导者、合作者。发挥好教师课堂教学评价的导向功能对教师的专业素质起到积极推动的作用。

（三）检验教学的重要方法手段

书法教学活动的质量如何，有没有达成教学目标，能不能启发学生智力，能不能提高他们的兴趣，教学方法是否合适，教学评价都起到了检验作用。

第二节 第三学段教学评价的重点

根据《中小学书法教育指导纲要》中的"目标与内容"和"实施建议要求",及《义务教育语文课程标准(2022年版)》"课程目标与内容"和"实施建议"两部分中关于识字写字的相关要求,第三学段书法教学评价重点如下:

1.能正确掌握基本笔画、结构。

2.掌握硬笔执笔要领,书写姿势正确,不急不躁,专心致志。能运用横线格进行成篇书写练习,行款整齐、美观,有一定速度。

3.比较熟练地掌握毛笔运笔方法,借助习字格,较好地把握笔画之间、部件之间的位置关系,逐步做到笔画规范,结构匀称,端正美观。临摹能力有所提高。

4.通过欣赏经典碑帖,初识篆、隶、草、楷、行五种字体,了解字体和风格的大致演变过程。

5.在临摹或其他书写活动中,养成先动脑再动手的习惯。有初步的书法应用意识,喜欢在学习和生活中运用自己的书写技能。

第三节 学生书法学习评价方法

一、学生书法学习评价注意事项

(一)注重进行个体内差异评价

个体内差异评价法是以被评价对象自身某一时期的发展水平为标准,判断其发展状况的评价方法。简单地说就是自己跟自己比,是将被评价者自己的过去和现在进行比较。学生是有个体差异的人,在成长过程中每个人擅长的领域不同,在各学科的学习中就会存在差异,书法学习也不例外,所以我们要多注重对学生进行个体内差异评价,以更好地促进其发展。

(二)做好三种评价:诊断性评价、形成性评价、总结性评价

要做好三种评价,一定要明确三者的含义。诊断性评价是在学期、学年、课程或一个单元教学开始时,为了了解学生的学习准备状况及影响学习的因素而进行的评价。比如新课伊始教师先让学生自己书写某个字或者某个偏旁部首,了解学生的基本情况,以更合理地规划本节课的学习。

形成性评价是教学过程中为改进和完善教学活动而进行的对学生学习过程及结果的评价。比如在书法上课过程中,教师请学生板演或者请学生分享某个字的书写心得,等等,通过学生反馈,知道学生的掌握程度。

总结性评价是在一个大的学习阶段、一个学期或一门课程结束时对学生学习结果的评价。比如在一学期的书法学习结束后，对整个学习结果做的总结评价。

注意：三种评价要贯穿于书法教学的始终，灵活、适时运用，以便及时、有效帮助学生进步。

（三）注意评价主体多元化，坚持自评、他评、互评相结合

三者结合更有利学生准确、客观、全面地了解自己的书写，更有利于学生进步。在书法教学过程中适时、灵活运用自评、互评、他评，事半功倍。

（四）注重定量评价与定性评价相结合

定量评价是采用数学的方法，搜集和处理数据资料，对评价对象做出定量结果的价值判断。简单地说就是评分，在书法教学中可适量运用定量评价，建议更多地采用定性评价。

定性评价是根据评价者对评价对象平时的表现、现实状态或文献资料的观察和分析，直接对评价对象做出定性结论的价值判断。强调通过观察、分析、归纳与描述的方式对学生进行评价，这种评价有利于学生明确存在问题，更有利于学生的书写进步。比如从书法教学目标来看，书法教学目标中要求"书写美观""临摹能力有所提高"等目标要求，不像数学那样可量化，不是简单的对与错评价，而是更适合用定性评价的方式，通过描述分析给予学生指导、反馈。

二、学生书法学习评价的方法

（一）圈点、批注法

圈点、批注法就是在书法教学中运用圈、点、批注等方式标注出学生存在的问题，或者标注出学生书写美观的字，以引起学生注意。如果是圈点出学生存在的问题，一定要给学生在旁边做好示范或者及时讲解，做到有问题及时解决。在书法教学各个阶段，本方法都适用。

（二）观察法

观察法是指观察者根据一定的教学目标、评价标准，用自己的感官和辅助工具去直接观察被观察对象，从而获得评价资料的一种评价方法。在书法教学中，教师可以随时或者适时根据教学需要对学生的书写姿势，起笔、行笔、收笔，书写速度、书写力度、书写态度等进行评价、指导。但应注意在观察时应做到认真、客观、公正。教学过程中的有效观察可以及时发现学生在书法学习中存在的问题，及时帮助学生改进。同时教师通过直接的观察，可以有效掌握学生一段时间的书法学习态度和书写进步情况，及时总

结反馈，为评价学生、促进下一阶段的学习提供参考。

（三）作品分析法

作品分析法又叫产品分析法，是对学生的各种作品，如笔记、作业、日记、文章等进行分析研究，了解情况，发现问题，把握特点和规律的方法。在书法教学中，作品分析法，可以是在课堂教学中对学生练习的评价，也可以是对学生书法作业的评价。作品分析法可以与下面提到的成长记录袋评价结合起来，帮助学生直观地看到自己在一段时间内的进步，培养学生的书写习惯和书法兴趣。

（四）成长记录袋（档案袋评价）

成长记录袋（档案袋评价）是根据教育教学目标，有意识地将各科有关学生表现的作品及其他证据收集起来，通过合理的分析与解析，反映学生在学习与发展过程中的优势与不足，反映学生在达到目标的过程中付出的努力与进步，并通过学生的反思与改进，激励学生取得更高的成就。在书法教学中成长记录袋评价法要求在各个阶段及时收集、积累学生书法学习中能够反映其进步或者存在的问题的作品，适时作出分析、解析，帮助学生发现自己的优势和不足，找到下一步书法学习的方向。成长档案袋，不仅可以作为对学生一段时间书法学习的总结性评价，也可以是某一阶段书法学习开始时的诊断性评价。这种方法对于全面了解学生、找到学生书法学习的生长点具有很大帮助。教师可结合自身书法教学，灵活运用。

（五）反思总结

一段时间的书法学习后，可以鼓励学生通过总结、反思的方式展开自我评价和相互评价。但是这种方法教师要多加引导，帮助学生客观、科学地认识自己在书法学习中的进步和不足，总结经验，改进不足。

第五章 书法实践活动

　　实践活动是在教师引导下，学生自主进行的综合性学习活动，是基于学生的经验、密切联系学生自身生活和社会实际，体现对知识综合应用的实践性课程，包括研究性学习、社会实践、劳动与技术教育等领域，并渗透信息技术教育。

　　书法课堂是培养学生审美能力、陶冶情操的主阵地，学生练好毛笔字，既有利于加深对语文基础知识的理解，也能调动学习的积极性，培养良好的意志品质。因此在书法教育教学中，教师要引导学生在生活中学书法、用书法，积极开展书法教育实践活动，通过社团活动、兴趣小组、专题讲座、比赛展览、艺术节、文化节等多种形式，创设书法学习环境和氛围。充分利用少年宫、美术馆、博物馆、名胜古迹等资源，拓展书法学习空间。有条件的地区，学校还可开展校际、地区以及国际书法教育交流活动。鼓励学生在学习、生活中运用书法学习成果，发展实践能力。

第一节 书法社团活动

　　书法社团活动可以培养学生对书法的兴趣爱好，增长知识，提高书写技能，丰富学生的课余文化生活。将书法社团活动渗透在教学当中，不仅能培养学生良好的道德情操，提高他们自身的道德素养和知识水平，还能为今后培养艺术人才起到积极的推动作用。

××小学书法小状元社团活动预案

一、指导思想

　　为弘扬中国传统文化，培养学生良好的书写习惯，营造浓厚的书法学习氛围，特组建我校书法社团，利用课余时间丰富校园书法文化生活，增强全校师生书法学习热情。

二、工作目标

　　1.在书法学习中，使学生养成良好规范的书写姿势和握笔姿势。

　　2.掌握基本笔画：横，竖，撇，捺，折，点，提，钩的写法。指导学生写出一手规范、美观的字，对其学习以及将来的工作、社会交际起到深远的影响。

　　3.通过书法练习，培养学生认真负责、专心致志、持之以恒的品质。

　　4.让学生直接接触书法，激发学生学习书法的兴趣与热情。渗透汉字美学。学习简单的章法并尝试创作。

三、社团愿景

　　1.为有书法爱好的学生提供良好的学习环境；

2.为社团成员提供学习交流的时间和平台；

3.提升学校的浓厚书法文化气息；

4.磨炼学生意志，修炼学生心智，锻炼学生素质。

四、教学措施

1.精选学习内容

首先，阐明学习书法道理、增强学习勇气。在教学中要使学生明白，书法不是高不可攀的。其次，营造学书气氛。

2.教给正确方法

在书法教学中，首先要教给学生正确的握笔、运笔姿势，握笔轻重的调控，书写坐姿、站姿等要领；其次是教给学生正确的读帖方法和临帖方法，如看笔迹，悟其运笔过程，看结体悟其组合规律；临帖时"字数宜少、遍数宜多"等；最后是要求学生注意写字卫生。如桌凳、光线、写字姿势等，通过严格的学习训练，不但可以养成良好的写字习惯，还可以培养气质。

3.加强书法训练

在汉字书写时，落笔的轻重、结构的疏密、运行的缓急、气势的强弱等均有章法可循，训练学生遵守汉字书写规律，便是"有纪律"。书写内容为课内外文章、诗词、对联或名言、警句之类。一词一语、一章一节，流泻笔端，铭刻心间，便是"有文化"。要求学生书写时学谁像谁，越像越好，这也是培养学生虚心、诚恳、一丝不苟的品德。

五、社团成员及活动要求

1.每周社团活动时间，准时到达书法社团教室，如发现缺席情况及时向班主任反映；

2.书法社团成员严格遵守纪律，保持安静，不做与书法学习无关的事情；

3.保持书法教室的干净整洁，爱护书法教室的设施和用品；

4.每次老师布置的任务，学生都应按时完成。

六、社团活动内容

1.鼓励学生积极参加校内外书法展、书法竞赛、艺术节等书法项目，提升学生学习热情；

2.以锻炼学生的书写习惯为主，教给学生正确的坐姿、握笔姿势、行笔技巧；

3.社团活动以学生为主体，少讲多练，多实践；

4.以月为单位，每月完成一幅完整的书法作品。

七、成果展示评比与奖励办法

书法社团的展览可分为作业展览和作品展览两大部分。作业展览是根据教学计划和步骤，选择完成较好的作业进行展览；作品展览是在教学工作进行到一半，学生掌握了一定基础之后，规定内容，完成作品，在学期中及学期末举办作品展示活动。展览形式是在教室墙上悬挂或张贴展出或以展板的形式举办全校展览。

学期共安排两次书法竞赛，每次比赛均为分段评比，分为高年级组与低年级组。奖项设立：一等奖1名，二等奖2名，三等奖3名。

八、具体课程安排（略）

第二节 书法专题讲座

书法专题讲座即邀请国家、省、市书协会员，当地知名书法家到校讲座，提升学生书法艺术水平，提高学生鉴赏、临习、取法及运用等综合能力，通过和书法家互动，激发学生学习兴趣。

开展书法专题讲座的同时要结合丰富的社团活动，如书法创作、评比、展示等活动，营造学校书法氛围、提升书法水平，创办书法教育特色学校。

讲座的主题可涉及书法知识、作品赏析、艺术创作等诸方面。

书法专题讲座预案

为弘扬中华传统文化，提升学校书法教育氛围，提高学生审美素质，挖掘学生潜能，培养学生认识美、发现美、创造美的能力，鼓励学生将有限的课余时间投入到更加积极有益的兴趣爱好中来，特举办本次书法专题讲座。

主　　办 书法教研室

讲座事项

1.时　间：20××年×月×日下午

2.地　点：书法第×教室

3.参加者：三、四年级书法爱好者及特长生，各班组织学生在自己教室收听收看讲座视频

4.主讲人：中国书法家协会会员，省书法家协会理事，市书法家协会主席 ×××

5.内　容：（略）

活动流程

1.主管校长负责市书法家协会主席×××先生邀请及接待工作；

2.书法教研室组织学生提前15分钟入座，维持秩序；

3.书法教研室负责准备讲座可能用品，如投影仪、文房四宝等；

4.主管校长对讲座进行简单介绍，介绍讲座嘉宾×××先生；

5.讲座总结。

第三节 校园书法比赛

定期举办校内书法比赛，组织优秀参赛作品展览展示，可以营造学校书法学习氛围，提高学生书法学习兴趣，增强学校特色教育竞争力。

××小学硬笔书法比赛预案

一、比赛目的

为传承和发扬中国传统书法文化，引起学生对规范汉字书写的重视，提升学生汉字书写能力，让学生从小就练就一手好字，特举办本次比赛。

二、比赛要求

1.参赛对象：一至六年级全体学生

2.要求字体：正楷体

3.参赛要求：

①一至三年级学生用铅笔书写，四至六年级学生用钢笔或硬笔（黑色或者蓝黑色）书写；

②学校命题书写，发放试卷，参赛者主要带书写工具和垫纸即可；

③参赛者必须用学校统一制定的书写纸书写；

④按要求填写自己的姓名、性别、年级、班级；

⑤参赛作品卷面须整洁，无褶皱。

三、比赛方式

1.海选：全员参加

各班自行安排时间统一书写，选取5名优秀同学参加学校统一组织的决赛。

2.决赛：各班代表参加

时间：20××年×月×日 课外活动时间

地点：多媒体教室

四、评比要求

1.参赛作品必须按要求字体书写，不出现错字、涂改、漏字及其他字体。

2.按年级评选出优秀作品若干，颁发奖状及奖品以资鼓励，获奖作品在各班进行一个月轮流展览。

五、奖项设置

按年级评选书法小状元：一等奖1名，二等奖3名，三等奖6名。

第四节 书法研学活动

研学，即研究性学习，国际上统称探究式学习。研学旅行即研究性学习和旅行体验相结合的校外教育活动，继承和发展了我国传统游学"读万卷书，行万里路"的教育理念和人文精神，结合国际上"研究性学习"的理念、方法、模式，是素质教育的新内容和新方式。

书法研学是由学校（或年级）统一组织，基于学生书法学习兴趣，根据学习内容，从历史、人文、科技、体验等类别选择和确定研学主题，在动手做、做中学的过程中，主动获取书法知识、应用书法知识、解决问题的集体学习活动。

书法研学预案

一、活动目的

为了拓展学生学习书法的空间，丰富学习经历和生活体验，让学生能在研学的过程中陶冶情操、增长见识、提高学习兴趣，全面提升综合素养，结合我校实际情况决定，组织我校书法研学活动。

二、活动主题：秋意浓 学习正当时

三、活动时间：20××年×月×日

四、活动地点及内容：邯郸碑林

1.通过邯郸碑林这个窗口，了解中国书法悠久的历史及发展史；

2.游览文化遗存，品碑林之魂；

3.了解碑帖学知识；

4.体验书法，执笔临摹碑帖。

五、参与对象：三年级全体学生

六、活动实施：负责人组织集中开会，告知活动安排及安全注意事项。

1.早上组织大巴车在学校门口等候，清点人数后统一出发；

2.上午研学路线安排：邯郸碑林；

3.午餐安排：活动地饭店；

4.下午研学路线安排：××书法文化馆；

5.安全回校。

七、活动总结

写好研学成果报告，并挑选优秀临摹作品进行展示。

八、应急预案

预防在先，及时汇报，及时联系，妥善处理。

第五节 校园书法艺术节

校园艺术节是艺术教育工作者及艺术特长生、广大师生艺术爱好者之间学术交流与学习的重要舞台，是提高广大师生的艺术欣赏水平、丰富师生精神文化需要的主要举措。文化艺术的形式丰富多样，如语言艺术（诗词、散文、小说、戏剧文学）、表演艺术（音乐、舞蹈、戏剧表演）、造型艺术（绘画、雕塑、书法）和综合艺术（戏剧、戏曲、电影）等。

校园艺术节中能涌现出各方面的人才，培养同学们的自信，锻炼学生能力，带动学生对各方面知识学习的兴趣、增强学生的集体观念。

校园艺术节书法方面的内容可以包括：名家讲座、三笔字比赛、书法作品创作、书法体验、书法论坛等内容。

××学校校园艺术节书法组织预案

一、活动目的

为进一步丰富校园文化生活，努力营造积极向上、清新高雅、健康文明的校园文化氛围，打造和谐校园，展现我校学生的青春风采和精神风貌，激发广大学生热爱艺术、勤奋学习、努力成才的热情与动力，发掘个性特长，推进校园精神文明建设，特举办校园艺术节。

书法类艺术活动旨在增加学生对书法艺术的追求，丰富学生的校园生活，营造浓厚的节日氛围，增强学生的荣誉感。

二、活动时间： 20××年×月×日

三、活动内容

1.开放书法社团教室，将教室内的书写工具、书写资料、书写作品展出供学生参观、

欣赏、体验使用，由书法社团成员进行演示、讲解。

2.制作书写长卷，组织百名学生在长卷上书写自己的姓名，创作百人书写长卷作品。

3."××××××"主题书法创作现场大赛。

比赛时间：20××年×月×日

比赛地点：书法第2教室

负责人：×××　×××　×××

评委：×××　×××　×××　×××　×××

参赛要求：每班至少推荐2名同学参加。

4.全校书法展

参展时间：20××年×月×日

负责科室：书法教研室

参展要求：所有学生每人至少创作一幅硬笔作品，三年级及以上年级每位学生至少创作一幅软笔作品，由班主任组织学生从本班中遴选出5幅硬笔作品、5幅软笔作品参加全校展出。

5.邀请名师、名家现场书写祝福语赠予参加活动的学生。

四、活动要求

1.人人参与，班级为主。

2.充分发挥学生特长，提倡以个人的才能为校园文化艺术节增添光彩。

3.各班级要积极支持和推荐学生参加书法活动，服从学校的整体安排。

4.正确处理学习与开展活动的关系，保障正常的教学秩序。

五、奖项设置

1.硬笔分低年级组、中年级组和高年级组，每年级组一等奖5名，二等奖10名，三等奖30名。

2.毛笔不分组，一等奖5名，二等奖10名，三等奖30名。

第六章 书法教育信息化

第一节 书法教育信息化的意义

2015 年 9 月举行的联合国发展峰会上，国际社会对 21 世纪教育的发展形成共识，世界各国首脑共同见证和通过了具有划时代意义的《2030 年可持续发展议程》，提出"确保包容、公平的优质教育，促进全民享有终身学习机会"的教育目标。在此基础上，联合国教科文组织于同年 11 月又通过《教育 2030 行动框架》，为实现教育现代化 2030 目标做出具体规划，勾勒出全球教育的未来蓝图。

"2030 教育，应该是更加开放的教育，突破时空界限和教育群体的限制，人人、时时、处处可学；应该是更加适合的教育，更加重视学生的个性化和多样性，实现因材施教、有教无类；应该是更加人本的教育，更加关注学生的心灵和幸福；应该是更加平等的教育，让所有孩子都能享受到优质教育资源；应该是更加可持续的教育，强调学习能力的养成和终身教育的需求。"

"要实现这样的教育，我们必须深刻认识当代科学技术特别是信息技术对教育的革命性影响，必须加大力度推进信息技术与教育的深度融合，必须对传统的工业社会框架下构建起来的教育体制进行深刻变革，才能应对信息化社会的人才培养要求，这是实现教育现代化 2030 发展目标的必由之路。"（杜占元：《发展教育信息化 推动教育现代化 2030》，《中国教育报》2017 年 3 月 25 日）

自进入新世纪以来，我国对信息技术的认识进一步深化，《国家中长期教育改革和发展规划纲要（2010—2020 年）》强调，"信息技术对教育发展具有革命性影响，必须予以高度重视"，并为此专门制定《教育信息化十年发展规划（2011—2020 年）》和《教育信息化"十三五"规划》，明确教育信息化的行动纲领和路线图，提出坚持促进信息技术与教育教学深度融合的核心理念和应用驱动与机制创新的根本方针。

2018 年 4 月，教育部印发《教育信息化 2.0 行动计划》指出，教育信息化 2.0 行动计划是推进"互联网+教育"的具体实施计划，到 2022 年基本实现"三全两高一大"的发展目标，即教学应用覆盖全体教师、学习应用覆盖全体适龄学生、数字校园建设覆盖全体学校，信息化应用水平和师生信息素养普遍提高，建成"互联网+教育"大平台。

　　教育部 2013 年 1 月印发的《中小学书法教育指导纲要》，鼓励学校、教师、学生通过互联网获取丰富的书法教育资源，加强交流，构建开放的网络书法教学平台，充分利用现代信息技术进行生动活泼的书法教学。

　　最近几年，书法作为中国传统文化中具有最经典标志的民族符号，与信息技术高度融合，促进了传统书法教育模式的转型。书法教育信息化突飞猛进，具有突破时空限制、快速复制传播、呈现手段丰富的独特优势，成为促进书法教育公平、提高书法教育质量的有效手段，成为构建泛在学习环境、实现全民终身学习的有力支撑，对书法教育产生了革命性的影响。

一、疏解书法师资的困境

　　优质教育不均衡发展是长期以来制约我国教育改革和发展的一大问题，书法教育信息化通过依托信息技术打破时空限制这一优势，来促进优质资源的共享和均衡发展，有力地疏解了书法师资数量和质量欠缺的困境。

二、提高书法教育的效能

　　书法教育信息化可以避免传统书法教育形式单一、教学过程缺乏直观性等方面的弊端。例如，在书法欣赏课的教学中科学运用现代信息技术，不但可以快速选取书法作品让学生欣赏，而且可以根据书法教师的要求设置书法影像中的细节反复播放，从而让学生感悟书法的结构之美与笔法之美，提高书法课堂教学的效能。

三、提高学生学习的兴趣

　　兴趣是最好的老师。书法教育信息化可以惟妙惟肖地演示书法练习方法，使课堂气氛不再沉闷或枯燥无味。书法教育信息化将书法知识与书法艺术鉴赏科学相融合，师生置身于浓厚的传统文化氛围，加上教师有的放矢的点评与讲解，更彰显了书法课所蕴含的艺术审美价值，不但可以激发学生的艺术想象力，而且可以提高学习书法的动力。

第二节 书法教学的信息技术

现代信息技术与手段的优点十分明显，是传统的书法教学方式无法替代的。信息技术教学手段直观性强，图文声像并茂，广受师生欢迎。

一、投影

投影教学是利用投影器等设备，通过音像、视听传输信息的电化教学。

投影教学设备简单，操作方便，易于掌握，便于普及；制作容易；放大了的图像，可较长时间地停留，便于教师讲解和学生观察；教师能灵活地控制教学信息的传递。此种教学能提高学生的学习兴趣，帮助学生理解教学中的难点、重点，巩固所学的知识，提高学习效率，并有助于培养学生的能力。

投影教学在书法教学中的运用方法和效果：

（一）示范展示

在书法教学中，教师的书写示范是教学的主要环节，在传统的书法教学中，示范展示是一大难题。如把纸放在讲台上平铺着书写，教师虽然容易发挥书写水平，但学生通过平视观察不到书写效果，而围观教师书写，又影响教学秩序，况且在外围的同学不一定都能看清教师的示范；也有一些教师用粉笔在黑板上做书写示范，但由于距离太远，影响学生观察的效果，影响教师的书写情绪，不足以激发学生的学习兴趣。采用投影教学，可用多种方式做书写示范，如用胶片投影仪、视频投影仪、电视录像等媒体。实物投影展台展示教师书写示范，无论是毛笔还是钢笔书写示范，都能够清晰、准确地展示教师的示范书写过程以及其中具体的书写环节，如教师的握笔、运笔、线条表现效果以及字的结构等。

（二）作业点评

传统书法教学的作业点评，是教师将写得好的字圈上红圈，对于写得不好的汉字、笔画就画上红线或打上红叉。此种评价方法评价效率低，不利于大范围师生的互动。

利用投影来点评学生书法作业，当众面批，便于指出其中的共同优点，也便于指出其中的共同错误，有利于强化学习，及时纠偏。

用实物投影仪做作业点评，还有更多的优点：

1.通过对作业局部的多倍放大，使学生能够发现平时不易发现的细节问题，强化对自己学习结果的认识。

2.可以把临摹作业与字帖原本做同步放大对比，这种方式更容易让学生看清作业的优劣得失，加深对字帖的认识，掌握自己的学习状况，调整临摹方法，提高临摹水平。

3.由于投影技术对作业的放大展示，评价受众面成倍扩大，让更多的学生能够及时了解自己学习中存在的共性问题，及时纠偏。

（三）展示碑帖

在传统的书法教学中，教师作图片、字帖展示有不少困难，如果图片、字帖学生人手一份，观察效果能保证，但这一点又很难做到。另外，在讲台上展示的图片、字帖，坐在两侧和后排的同学便很难看清，尤其是字径较小的字，如小楷、钢笔字帖等，学生更无法看清，班级越大，展示效果越差，如教师走下讲台，流动巡回展示，又太浪费教学时间。这时利用幻灯片、电视录像和投影仪、视频投影仪进行展示，就会收到很好的效果。

概括起来说，视频投影仪有下列优点：

1.视频投影仪既可以展示图片、字帖印刷品、复印件、作品实物，也可以展示幻灯片和自制的书法作品照片。

2.视频展示台的摄像头可以进行高低、旋转的微调，便于对书法展示内容作局部的灵活选择和放大。

3.视频投影仪的多倍放大功能，可以将书法图片、字帖中的微观转换为大屏幕上的宏观，使字帖中肉眼难以观察的细微之处如电影特写镜头一样得到有选择的放大，使观察的对象更集中、更突出、更清晰，即使远在后排的同学，也能看得一清二楚，这给学生细致地观察和准确地临摹带来很大方便。

4.视频投影仪的反转显示除了能显示自制的底片之外，还适宜作书法鉴赏展示。在鉴赏教学中，有时要把同一字帖如《兰亭序》的墨迹本、摹刻本、墨迹翻刻本作对比鉴赏，利用反转显示功能，就可以把墨迹本的白底黑字转换为黑底白字与翻刻本进行比较，也可把翻刻本的黑底白字转换为白底黑字同墨迹本进行比较，由于这种比较是在同一层面上的，因此，它使学生更直观地感受到墨迹本比翻刻本在欣赏和临习时有更多的优点。而且反转展示也拓宽了字帖的展示方式，更易激发学生的学习兴趣。

（四）教学互动

传统的书法教学往往忽视师生互动。教师讲，学生听，教师在台上唱独角戏，学生很少有展示自己、锻炼自己的机会，所以不容易调动全体学生的学习积极性。

利用投影进行书法教学，不但给教师的书写示范带来很大方便，还可以让学生通过投影平台"板演"。学生在投影平台上"板演"完毕，当即就可以评判，让全班学生针对"板演"内容，从握笔到运笔再到结构，全方位进行评析，教师及时指导。在这个过程中，既照顾了个体，又面向了全体，使每个学生都能从中得到收获和启迪。

二、课件

课件是根据教学大纲的要求，经过教学目标确定，教学内容和任务分析，教学活动解构及界面设计等环节，而加以制作的文字、声音、图像、视频等素材的集合。

书法课件可以生动、形象地描述各种教学问题，增加课堂教学气氛，提高学生的学习兴趣，拓宽学生的知识视野，它已经广泛应用于书法教学。

心理学研究表明，学习兴趣是学习活动中最现实、最活跃的成分，学生一旦有了学习兴趣，就会产生持久追求的动力。因此，在书法教学中运用生动的课件，例如播放有关动画片，可以培养学生良好的书写习惯，培养浓厚的书写兴趣。

另外，传统的书法教学是教师在讲台上机械重复点、横、钩、提等笔画的写法，时间长了，学生会感到乏味，而且对笔画的行笔方法也未必搞得清楚。利用课件中的动画或动图来演示笔画的行笔过程，同时讲解怎样起笔、怎样收笔、哪里轻顿、哪里出锋，学生一目了然，有利于掌握运笔过程中的轻重、快慢等技巧。

制作书法教学课件注意事项：

（一）多种媒体，合理选择

借助 PPT 设计软件，教师可以利用图、文、声、像、动画、模型等多种媒体表现书法教学内容，把原来晦涩难懂的理论转化为由多种媒体所构成的生动场景。但什么内容用文字，什么时候用动画，是否需要音效和出场效果，都需要根据教学内容，精心选用媒体，设计呈现方式，只有这样，才能赋予媒体丰富的教学内涵，做到形神兼备，锦上添花，达到内容美和形式美的完美结合。

设计制作书法课件要注意避免以下两种倾向：媒体类型单一，单用文本这一种形式，很少采用图形、图像、动画、视频、声音等其他媒体；或者过度包装，在课件运用过多的媒体形式，信息呈现的密度高，相关性不强，妨碍了知识传递的有效性。

（二）以教为主，课件只是辅助教学

课件是教师和学生之间传递思想和信息的媒体工具。一堂课是否精彩，关键是教师，而不是作为信息传播媒介的课件。课件可以辅助教师的教学活动，但不能代替教师的教学活动。因此，在设计课件时要统筹考虑，以教学内容和教师的讲授为主，课件为辅，不能本末倒置。

（三）换位思考，精心设计

课件是给学生看的，是为学生服务的。在设计制作课件的时候，无论是内容的组织，还是模板的选择、字体的大小、色彩的搭配，都要换位思考，从学生的角度出发，看学生能否看得清楚，看得明白。

（四）简洁凝练，要点突出

PPT（PowerPoint）是制作课件的工具，Point 是"要点"的意思，PowerPoint 的含义可以理解为"使要点更有力地展现出来"。因此，课件承载的应该是"要点"信息，而不应该是教学内容的全部。制作课件时整体风格色调需要统一，除黑白外，最多两种颜色；文字不要布满整个屏幕；多张图片放一个页面时不要重叠，突出重点图片；运用特效适当地进行图片效果处理；用鲜艳的颜色对重点内容进行标注。

（五）层次清晰，逻辑严密

书法教学是一个由浅入深、前后衔接、循序渐进的过程。使用课件的最大优点在于可以将某些难懂、不易接受的内容以简明、清晰、更有条理的形式呈现给学生。书法课件要有美感，屏幕版式排列整齐，知识结构清晰，推理过程严密，逻辑层次得当；不仅要利用文字阐明各知识点及重点、难点教学内容的具体含义，还要利用幻灯片模板、字体、字号、颜色、项目符号等呈现方式区分出课程名称、章、节、知识点，即题目、一级标题、二级标题、正文和前后幻灯片之间的内在联系，使之符合教学内容的逻辑关系和学生的认知规律。

三、微课

微课是指运用信息技术按照认知规律，呈现碎片化学习内容、过程及扩展素材的结构化数字资源。

微课的核心组成内容是课堂教学视频，同时还包含与该教学主题相关的教学设计、素材课件、教学反思、练习测试及学生反馈、教师点评等辅助性教学资源，它们以一定

的组织关系和呈现方式共同营造了一个半结构化、主题式的资源单元应用小环境。因此，微课既有别于传统单一资源类型的教学课例、教学课件、教学设计、教学反思等教学资源，又是在其基础上继承和发展起来的一种新型教学资源。

书法微课是按照新课程标准及教学要求，以书法教学视频为主要载体，记录教师在课堂内外教育教学过程中围绕某个知识点（重点、难点、疑点）或教学环境而组织的精彩教学数字资源。

一节课的精华总是围绕某个知识点或者某个教学点展开的，而精彩的、高潮的环节都是短暂或瞬间的，书法教学也是如此，在书法教学中，学生视觉驻留时间普遍只有 5~8 分钟，若时间太长，注意力得不到缓解，很难达到较理想的教学效果。如果换一种思维方式，只将教学重点、难点、疑点等精彩片段录制下来，精准解决学生问题，这样简短的视频，通常在 50M 左右，方便学生通过网络下载或点播，利用率极高。

书法微课或在线课程制作有很多形式，如课堂实录式、实地拍摄式、绿幕抠屏式、PPT 录屏式、讨论式、采访式、演讲式、画中画式等；在制作中需要运用的设备或者软件也是非常多的，最为常见的是电脑、摄像机或录屏软件等。在具体操作时，教师需要利用业余时间来学习和练习，并掌握各种程序以及参数，更为重要的是掌握课程的设计。

一般而言，一节微课就是一个知识点或者某个技能的学习，内容相对集中，需要教师在教学语言、教学内容等各方面进行精巧的设计与构思，才能够吸引学生。整个视频要控制在 5~10 分钟以内，引入和结题要简洁明了。

无论是书法课堂的哪一个环节，都要找准微课与课堂的切入点，在合适的时机用合适的方式，使微课有机地融入书法教学。并不是每一课都需要微课的介入，它只是教学的一个辅助资源之一，其他的媒体资源和教具也应合理利用。

四、书法人工智能

随着人工智能、大数据等新兴科技的快速发展，书法也开始应用人工智能技术。

目前常见的书法人工智能应用系统集图像处理技术、深度学习技术、增强现实技术、智能机器人技术于一体，由手机（或平板）、电脑端与写字平台（或临摹屏）构成，书写者手持笔具在写字平台自然书写，系统对书写产生的轨迹或图形符号进行数字化处理，实时显示书写的过程和结果，基于深度学习技术进行即时测评，包括结构、部件、笔画等多个维度。

写字平台分有纸墨和无纸墨两种。传统书法是笔、墨、纸、人的高度和谐统一，这样写出来的字才有意境，而无纸墨化写字平台，大大削弱了书法的书写感受。

第三节 "互联网+"时代的书法教学

一、在线直播授课

直播授课是当下主流的在线教学模式，打破时间和地域限制，受到教师和学生的青睐，特别是在停课不停学的情况下，直播课可以让教学持续。

目前网络直播授课的平台众多，教师和学生可以选择适合自己的平台开直播课。本书以钉钉（Ding Talk）为例。

开设直播课前首先要创建钉钉班级群，选择建立场景群，进入后选择建立班级群，邀请班级学生进入班级群。

在直播教学前，应该提前进行教学设备的调试。准备好电脑、教案、笔、教具，等等。在安静的房间，测试耳机是否正常。摄像头的位置，能否把自己的面貌录入，等等。尤其是对课件的准备，教师要提前调试是否能在直播课中顺利播放。

点击在线课堂按钮发起直播授课。这时屏幕会弹出窗口，输入课程名称，选择打开语音摄像头等操作。进入课堂后可以播放一首练字歌，测试直播信号的同时提前营造轻松的授课氛围。点击添加学生，伴随着活泼轻快的音乐，学生们陆续进入在线课堂，准备上课。可将声音设置成全员静音模式，主屏幕显示黑板，侧栏显示教师和学生。黑板功能可用画笔、图形、文字、橡皮、计时器等功能进行操作演示，也可以选择打开文件，将制作的课件、图片、视频等展示文件在主屏幕操作演示。在线课堂模式可以实时实现画中画，让学生在看课件时看到教师，教师要求学生打开摄像头，方便教师管理课堂。当课堂需要互动时，教师可开启其个人语音，方便对话；也可以开启某位学生粉笔功能，让学生直接在黑板上进行操作。当有学生需要提问时，点击举手按钮，教师端会有黄色小手闪烁提示，教师可以与学生进行互动沟通，设置声音模式，把麦克风和扬声器声音设置适中。

如果有多个班级需要同时上课，可以点击多群联播，添加其他的班级群，这样就能同时让多个班级的学生一起学习。注意，这个需要直播的教师必须加入其他班级群，如果未加入需要请该班级的群主确认授课教师加入群中的教师身份中。

与学生互动时注意，多设置一些选择题让学生回答（用动作表示答案），因为学生大多是在手机上收看直播，大家都说比较嘈杂，回复信息又比较麻烦，例如教师可以问：

"同学们，横的起笔听明白了吗？听明白的点头示意，不明白的摆手示意"，这样学生就能在收看直播时快速地回复答案。学生回复后，教师也可以直观地看到学生的回复情况，视情况再进行授课。

课堂中如果让学生练习写字，也可以让学生把写好的字用手机直接拍照上传。

下课后可在家校本发起布置作业，发布作业后，学生会收到作业通知，学生提交作业到家校本，教师就可以在班级群内进行作业批改回复了。

二、慕课

慕课（MOOC，全称 Massive Open Online Courses），即大规模开放在线课程。2012年被称为慕课元年，正是从这一年开始，在全世界范围内刮起了一股巨大的慕课风潮，同时其开放性为它的发展带来了重要的契机。近年来，随着慕课的发展，各种形式的书法慕课也逐渐被开发出来，并提供给大众免费使用。

慕课最大可能地整合了全国的优质书法课程，只要人们有书法学习的需要，就可以如临现场般感受到众多优秀教师的书法教学，从而提高自己的书法审美、书法创作、书法表现等诸方面的能力和水平。

我们可以从 MOOC 中国、学堂在线、中国大学 MOOC 等几家较大的在线教育平台上搜索到书法在线课程，其中的大部分课程都是面向大众免费开放的。

不过略显遗憾的是当下的书法慕课多面向大学生群体，教师可以有选择地学习或摘录慕课中合适的书法教育资源，向学生传播。

三、书法双师教学

书法双师教学是由两名教师一起开展教学活动，一名是书法专业教师，负责线上讲解与示范；另一名是线下教师，负责线下互动辅导教学，包括制订教学计划、课堂管理、组织学生讨论、教学重难点总结答疑、批改作业、个别辅导、查漏补缺、巩固练习、检查和评价学习效果等课堂环节。

书法双师教学尝试用信息技术解决书法师资普遍不足、优秀资源匮乏等问题，实现专业资源共享，解决书法优质专业资源不平衡的问题。这种教学模式可以最大化地实现优质专业资源利用程度，促进教育向均衡化、公益性、创新型发展，全面提升书法教学质量。

（一）书法双师教学的模式

书法双师教学有两种模式，一种是远程实时直播教学，另一种是专业数字化课程播放。书法远程实时直播教学中，在线教师可以与学生互动，同时要求线下教师与线上老师有一定的默契度，共同制订教学计划、课程设计、互动辅导的课堂内容。

专业数字化体系播放的课程是线上书法专业教师进行深入浅出的讲解，规范到位的示范，在书法教学中运用临、摹、讲、写等书法教师的基本功，引导学生进行学习与欣赏，或参与者书法表现创作等实践活动。专业数字化课程播放给予线下老师教学主导作用，适合非专业技能教师进行书法教学，线上进行专业的讲解与示范，其他工作都由线下教师组织进行。

（二）书法数字化教学系统

书法数字化教学系统将传统的文化与现代的信息技术相融合，将专业教师的讲授制作成数字课堂，既有清晰可见的动画演示，又有生动形象的名家示范，在很大程度上解决了书法师资匮乏的实际问题。

基于书法数字化教学系统的双师教学，是学校任课教师基于对数字化教学平台上优质教学资源的分析，依托数字化教学平台和互联网技术并选择合适的授课方式来完成教学目标的教学过程。

个体分散化的教育资源存储方式在书法教育的发展空间一定是有限的，书法数字化教学系统则整合硬笔书法、软笔书法的内容，适合义务教育、高中、职业院校、普通高校以至成人书法教学，提供适用不同学段的书法教学资源，给书法教学带来极大便利。

书法数字化教学系统如果让学生配合移动学习终端使用，教师可以对学生的练习作业快速评价、反馈，使学生得到及时的指导。学生用手机扫一扫字帖例字二维码，其书写要领就能通过生动形象、清晰可见的视频呈现，学生的学习兴趣得到了很大提高。这一功能同时加强了书法教育家校融合，家长可以通过手机端了解字的书写要领，给予孩子准确指导，又能趁机了解孩子的学习情况。

（三）线下教师的职责

在书法双师教学中，线下教师的作用十分重要。

一堂书法双师课程的效果与线下教师的投入密不可分，线下教师工作是保障双师教学效果的关键一环，只有线下教师全程深度参与，维护课堂秩序、辅导学生学习并进行互动答疑、展示、分享等，带动学习氛围，才能保证书法双师教学的效果。

线下教师的职责有：

1.制订教学计划。书法课程以学期为单位，线下老师需要制订每学期的教学计划，包括但不限于讲课次数、教学内容、书法活动、考评。

2.熟悉教室内多媒体教学仪器的使用与管理，负责管理运行教室多媒体仪器。

3.结合书法数字化教学系统制作教学教案。线下教师也要备课，熟悉教学目标，重点、难点，要反复观看专业教师授课视频，熟悉授课环节及时段时长；设计板书授课内容；设计单课课程导入与总结。

4.课程中用心听专业教师授课，选择要点适当板书，或停下视频讲授、复讲课程内容，或重播线上教师讲授。

5.对课堂进行管理，密切关注学生的学习动态和状态，遇到重点、难点及时点拨，指导学生学习，把控课堂秩序。

6.进行知识点串讲和课堂总结，布置、批改并讲解作业。

7.课堂记录反馈。对学生进行学习效果评估，阶段性进行学习测评考核。

8.书写能力提升。教师要提升自身的书写能力（三笔字）、书法鉴赏能力、书写点评能力。

第三编 书法文化与欣赏

第一章 书写双姿要规范

第一节 硬笔的坐姿

2018 年 8 月，教育部、国家卫生健康委员会等八部门联合印发《综合防控儿童青少年近视实施方案》，其中对纠正不良书写习惯、错误握笔姿势等提出明确要求。

该方案强调"避免不良用眼行为"，并明确提出，监督并随时纠正孩子不良书写姿势，应保持"一尺、一拳、一寸"，即眼睛与书本距离应约为一尺、胸前与课桌距离应约为一拳、握笔的手指与笔尖距离应约为一寸。我们建议在教学时，教师这样指导学生：

1. 头正身直足平。头放正，不能歪着头或斜着头；身正，身子也要放正不能侧着或卧着；足放平，脚平放在地上，不要跷腿垫脚。

2. 眼离纸面一尺。眼睛要离纸面有一尺的距离，不能靠得太近，也不能离得太远，现在有很多人近视，是习惯离纸面很近，这样的习惯不好。

3. 胸离桌缘一拳。胸不能依靠着桌子，也不能离桌子过远，以一拳的距离为宜。

4. 手离笔尖一寸。手离笔尖的距离为一寸，这是抓笔的技巧。抓笔一般大约在整支笔的前三分之一处。

书写时做到五移：

1. 移纸：写完一两个字后要移纸不移手；很多学生是移手不移纸，造成身随手移，坐姿歪斜，眼睛斜视。

2.移肘：很多学生手臂全放在桌边线内，应该是手臂对称45°摆放在桌面上，三分之二移在桌边线以内，三分之一移在桌边线以外；与身子形成稳定的三角支撑关系，很易控制胸距桌边线一拳。

3.移笔：书写落笔点是鼻尖正对笔尖中心线向右移一厘米；相反，如落点在中心线上或往左的位置就会挡着视线，头自然向左偏导致头向左歪斜，头不正。

4.移臀：要虚坐不满坐，臀部向凳面前移三分之一。

5.移身：凳高、桌高要与身子相匹配，坐在凳子上手臂下垂的肘关节与桌面平行为宜。桌凳不匹配现象在家最为突出，一条凳子几十年陪伴一张桌子。

第二节 硬笔的执笔姿势

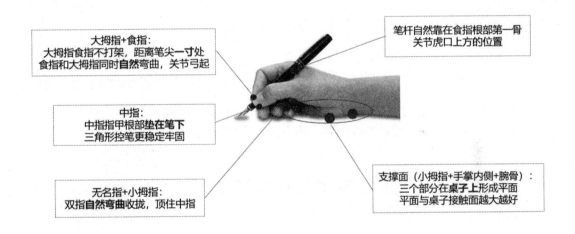

规范的执笔姿势是：

1.大拇指和食指轻轻地捏住笔杆，食指稍靠前，大拇指稍靠后，捏住的位置距离笔尖约一寸。将笔杆压到食指根部第一骨关节的位置。注意大拇指和食指之间留一条缝隙，不要对捏或交叉。

2.中指的指甲根部托住笔杆的后下方，与大拇指、食指形成三角支架。

3.无名指、小拇指自然弯曲并拢，形似拳心握着一个圆筒冰激凌。

4.小拇指结合手掌内侧、腕骨形成稳定的书写支撑，指腕结合来写字。

第三节 软笔的坐姿

对于经常练字的人来说，养成一个好的书写姿势是很重要的。姿势不对，久而成习，不但不雅观，影响书法的艺术效果，而且对身体还有妨害。错误的书写姿势，对视力、对脊椎妨害极大，字也不可能写好。如果练习毛笔书法也这样，那是绝对不行的。

书法艺术最讲究结体、用笔、行气和章法，而这些只有直身正视才能谛审、把握；如果偏身斜视，势必产生错觉，欲正而斜、欲左而右，那就白费劲了。

规范的书写姿势：

1.习字时要端正姿势。端坐桌前，与桌保持一些距离，纸放正，右手运笔成字时，笔的位置，对准鼻的前方而稍偏右，头正而稍偏左，可看得清楚些，又可使字不歪斜。两脚踏实，八字开，到了写较大的字幅，要端立，右脚可稍前踏出，因右臂右肩有时须前伸，上下取得一致。左臂或按桌上，或向后伸开些，也可取得姿势平衡。脚桩站得稳不稳，也会影响字的稳定性。故前人把"正脚手"作为习字的第一步骤。

2.全身须松开下沉，肩不要耸，背不要弓。站着写大字，脚站稳，用腰推动肩，肩带动腕，这叫"力发乎腰，其根在脚"。又把腰肩之力或竟是全身之力达到笔尖，再跟着笔送到笔画尽端，这样，写出的字就可厚重到家。又不论坐着、立着写，要眼到、心到、手到，注意力集中。写时能心、手、眼一致，自然而认真地对待它。

第四节 软笔的执笔姿势

拿毛笔写字跟拿筷子吃饭、用铁锹铲土一样，如果方法不对，是费力而又难以达到目的的。所以，初学书法宜先学会正确执笔。

关于执笔的方法，历来有很多的名目，书家的意见也不尽相同。这里主要介绍一种比较科学，为多数书家所普遍使用的方法，这就是前人称为"拨镫法"的传统执笔法。唐代陆希声曾将这种执笔法的要领归结为五个字：擫、押、勾、揭、抵。

下面依次分别作简要的说明：

擫（yè），就是按的意思，即以大拇指螺纹处按住笔管，向右前方与食指相对用力。

押，食指弯曲下倾，用第一关节靠大拇指的边侧押束笔管，与大拇指相对用力。大拇指的擫与食指的押主要是对笔起固定的作用。要特别注意的是，不可用食指的中节着笔管，那样牢是牢固了，但是不能灵活运转。

勾，中指弯曲，指尖斜下向内，以螺纹心着笔管，勾住笔管的外侧向手心方向用力。

揭，也叫格，是无名指弯曲，用指甲与肉交际处抵住笔管，向外向上用力，即与中指的用力方向相反。勾与揭主要是在运笔时能对笔起回环使转的作用。

抵，小指弯曲如无名指并紧贴无名指。抵是对揭的辅助。

为何称拨镫？说法不一，用骑马者的脚尖踏镫，来比方手指执笔，宜浅踏，容易转换。拨镫法是一般坐着写字适用的。

"执笔无定法"（苏东坡语），笔有大小轻重和形制的不同，字也有大小、书体和书写处所的差异，例如，一般写楷书、隶书、篆书执得低些（即离笔头近些）；写行书执得稍高些；写草书更高些。执得低些可以稳些；执得高些可以挥洒自如些；但也可各随己意。书写的人可以根据不同的情况与自己的习惯而采用不同的执笔法，不必拘泥于一种，但是总要以运笔灵活，便于表现其点画的艺术效果为准。

第二章 硬笔书法作品欣赏

字写好了给人以美感，硬笔书法就是在字写好的基础上的升华。一幅硬笔书法作品，它的线条、结构、章法、用墨，以及钤印和落款，都是很讲究的。近些年来，硬笔书法在借鉴软笔书法创作理念后走向艺术化、专业化，作品形式从单一性走向风格的多元化，从最初的实用硬笔书法逐步发展到纯硬笔书法艺术。

本章我们推荐三位当代硬笔书法作者，教师可通过互联网寻找他们的作品，呈现给学生，把他们的书法特点介绍给学生。

顾仲安

顾仲安，1956年生。5岁起随祖父学习毛笔书法，家法严格，主修柳公权楷书和颜真卿楷书两体，毛笔书法骨力十足，丰腴可观，融两家之长，写出了自己的风格。其硬笔书法以毛笔书法为底色，有书卷气，味浓耐看，运笔便捷利落而又沉实，既讲究法度，又不刻意做作；字的结构宽博、稳重、落落大方。

吴玉生

吴玉生，1959年生。江苏人。酷爱书法，多年临池不辍。曾获全国首届文明杯书写大赛唯一特等奖、名列中国汉字首届硬笔书法大赛一等奖榜首。吴玉生是软笔、硬笔都颇有建树的书家，他的作品清醒脱俗，让人有一种清风拂面的感觉，布局上字距和行距适宜，疏朗工整，点画精到，笔路清晰。

田英章

田英章，1950年生于天津。硬笔书法沿承其毛笔书法艺术特点，楷书端庄舒展，刚劲有力，涵蕴丰富，用笔老到，功底深厚。行书着墨巧妙，用笔老到，字体优雅隽美，笔画遒劲有力，收放自如，静如处子幽兰、玉兔望月；动如行云流水、飞流激瀑；具有极高的实用价值和欣赏价值。

第三章 书法作品的幅式

书法的幅式指的是书法篇幅的规格形式，可以分为卷、轴、册、片四大类。

具体幅式很多，比如条幅、横幅、匾额、册页（斗方）、长卷、整张直幅、扇面、题画、束札、屏条，等等，都有它们各自的章法要求。在学习过程中，宜多看名家名作并细加研究，掌握它们的特点。这样，在实践中才好根据不同幅式的特点来设计，不至于在下笔之际茫茫然不知所措。

第一节 条幅

条幅，也叫立幅、直幅，裱好叫立轴，可展悬、可卷藏，写的是它的芯子。

条幅一般多取直行纵势，采用行距稍大、字距稍小的分行格式（隶书除外）。如果是用行楷、行草（行书）、草书来书写，相邻两行之间，字的大小、长扁、轻重等要错落有致，还要注意它们彼此的顾盼、避就关系。在一幅之中，不要突出好几个相同方向的相同点画（如悬针、长撇、长捺等），尤其是相邻相近的两个字就更忌讳这一点。遇到两个或两个以上相重的字，宜根据所处的位置、与相邻其他字的关系在体势以至大小、轻重等方面适当加以变换，以避免雷同死板。

第二节 斗方

斗方，其形式为方形或近于方形的作品。有大斗方、小斗方之分。一般与册页面积相当者称为小斗方；四尺方对开大体算中型，更大者为大斗方。

斗方书法，具有浓厚的中国文化色彩，方方正正之外形，正是中国做人要求"行得正，坐得端"的理念所致，体现了中国文化的博大精深。

经典四字、一句名言或一首小诗，古色古香，意境隽永，都是斗方书法常见形式和内容的完美结合。斗方虽小，肝胆俱全，纸张颜色或淡或深，花纹底子或隐或现，墨迹浓淡铺陈如诉，题款长短印章方圆，布局上下，或中或边，行列参差，错落有致。

第三节 楹联

楹联，是传统中一种两条合成一体的书品，文句讲究对仗，体裁更须一致而互相联系，两条既可并悬在一起，也可分开悬，地位须对称，一般中间悬画。分贴在双扇大门上的叫门联；新春贴的叫春联；用木板复制的叫硬对，做成瓦形相对挂在厅堂两柱上的叫楹联。

联之长度，最短只二三尺，一般用四五尺长的。写字至少每条四字，一般写五字或七字，叫五字联、七言联。

书写时，上下联的字要两两相对，字的大小、轻重不得相差太远，体势、格调也须一致。除两行以上的长联外，上下字的间隔都比较大，并且一般都是字字独立，上下不连笔，即便是草书联，连笔也只是偶尔有之。

楹联的章法，贵在上下联既各自独立，又相映成趣，相得益彰，是一个完美的整体。长联的上下联各自可分两行或三行书写，但要以"门"字形对称，即上联左行，下联右行，不可一律左行。

第四章 书法字体的流变

文字的起源，最先当为极简单的符号。有些符号由原始图画产生了象形文字，再从象形文字演进为较完备的文字。就我们所已知道的，古代文字称为古文，一般包括甲骨文、钟鼎文、大篆。

甲骨文 殷商时代刻在龟甲及兽骨上的卜辞和记事文，在1899年后有大量出土，也是我国现有最古的且已有书法艺术价值的遗产，它足以证明我国的文字与书法在那个时候以前已经有相当长的历史了。

钟鼎文 殷商时代到战国时期（距今2400年前）遗留下来的钟、鼎（包括青铜铸成的食器、乐器、礼器等）上镌的铭文，也叫金文。甲骨文细劲挺直，钟鼎文环转浑厚，这是书写工具改进之证。

大篆 记载上说是周宣王时（距今2700年前）太史籀所始作，故也叫籀文。比钟鼎文渐趋整齐。其时七国争雄，文字也各不同，为一字多体的时代。

小篆 距今2200年前，秦国统一海内以后，由秦朝宰相李斯把大篆加以简约，使之更为整齐美观，同时又废弃了六国杂乱的异形文字，把文字也统一起来，后人把小篆也叫秦篆。

隶书 传为秦末由程邈在狱中所作，省改小篆，变圆为方，徒隶写公文应用称便，故叫"隶书"，盛行于西汉（距今2000年前）。

章草 是从篆、隶的简约便捷而来，前身是民间日常应用中简易快写的字体经过士大夫阶级所采用，加以篆、隶笔意而形成。章草既保持了篆隶笔意，又使书法进入了解放阶段，对后来的行书、真书、今草、大草等的影响也很大。

今草 以章草加重环圆钩连而成，写来更为便捷耐看。这种草书从汉代一直用到今天，又有叫大草、狂草的。高妙的大草，飞腾奔放，最富有艺术魅力。汉代张芝、唐代张旭最为著名。但狂草既易于流为怪诞，又难于认识，因之应用面极小。

行书 始于汉代，到了晋代，行书的艺术造就达到历史上的最高峰。因为它流美而平易，最为群众所喜用乐见，故为流传最远、应用最广的一种书体。

真书 积集众长逐渐形成的书体，以其正规而有法度又可作模楷之故，也叫楷书。创始于汉末，盛行于魏晋南北朝。南北朝（420—589）南北分治，书风也南北异趣，南书多隽逸，北书多雄强。到隋代统一了南北，真书书风也就融合为一了。

统观文字与书法的演变趋势，无非为了时代的前进，政局的变迁，工具的改进与应用上的要求便易，自然地起了由繁而简的变化。另外，为了追求文字艺术化，涌现着层出不穷的体貌，也推动了历史的演进。

第一节 篆书

篆书是大篆、小篆的统称。

大篆指金文、籀文、六国文字，它们保存着古代象形文字的明显特点，但已具备中国书法艺术中的用笔、结构、章法等基本要素。

小篆也称秦篆，原是秦国的通用文字，秦始皇统一中国后，统称为小篆。它是大篆的简化字体，其特点是排列整齐、行笔圆转、线条匀净而长，字体较籀文容易书写，呈现出庄严美丽的风格。在汉文字发展史上，小篆是大篆到隶、楷之间的过渡。秦代的小篆有圆笔、方笔之别，圆笔以秦刻石为代表，方笔以秦诏版权量文字为代表，可以看作秦篆的俗体。

汉、魏之际是小篆的流行末期，除用于碑铭篆额和器物款识之外，难得有独立的篆书。篆书在唐代因李阳冰出而复苏，但秦篆的浑厚宏伟之气已荡然无存。宋代以后，篆书式微日重。至清朝，随着金石学的勃兴，篆书也呈百花争艳之势，进入了越唐超秦的繁荣阶段。

第二节 隶书

隶书，也称汉隶，相对于篆书而言，是汉字中常见的一种庄重的字体。隶书的出现，是中国文字的又一次大变革，使中国的书法艺术进入了一个新的境界，是汉字演变史上的重要转折点，并由此奠定了楷书发展的基础。隶书书写略微宽扁，横画长而竖画短，呈扁方形状，讲究蚕头雁尾，一波三折。

隶书的实践肇始于春秋战国时期对篆书的草写，成形于西汉早期，兴盛于东汉，书法界有"汉隶唐楷"之称。

根据形态差异，隶书有古隶和今隶之别：西汉的简朴隶书和之前篆隶杂糅的早期隶书属于古隶，东汉以后的蚕头雁尾或波磔特征明显的隶书属于今隶。

根据载体不同，隶书可分为刻石隶书（碑版刻石和摩崖刻石）和墨迹隶书（帛书、简牍和纸本）。

根据朝代不同，又有汉代隶书、唐代隶书和清代隶书等。

传说 隶书是谁创作的

隶书的发明者，按照现在的有关记载，应为秦末掌管文书的小官吏程邈，所以在古代，隶书又称为"佐书"。秦始皇在实施"书同文"过程中，命令李斯创立小篆后，也采纳了程邈整理的隶书。汉代许慎在《说文解字叙》中说："……秦烧经书，涤除旧典，大发隶卒，兴役戍，官狱职务繁，初有隶书，以趋约易。"由于作为官方文字的小篆书写速度较慢，而隶书化圆转为方折，因而书写效率大大提高。郭沫若在《奴隶制时代•古代文字之辩正的发展》中也用"秦始皇改革文字的更大功绩，是在采用了隶书"来评价其重要性。

另据《仙传拾遗》记载，隶书为战国时期的神仙方士王次仲所创。《太平广记》引《仙传拾遗》云："王次仲者，古之神仙也。当周末战国之时，合纵连衡之际，居大夏小夏山。以为世之篆文，功多而用寡，难以速就。四海多事，笔札所先，乃变篆籀之体为隶书。始皇既定天下，以其功利于人，征之入秦，不至。复命使召之，敕使者曰：'吾削平六合，一统天下，孰敢不宾者！次仲一书生而逆天子之命，若不起，当杀之，持其首来，以正风俗，无肆其悍慢也。'诏使至山致命，次仲化为大鸟，振翼而飞。使者惊拜曰：'无以复命，亦恐见杀，惟神人悯之。'鸟徘徊空中，故堕三翮，使者得之以进。始皇素好神仙之道，闻其变化，颇有悔恨。今谓之落翮山，在幽州界，乡里祠之不绝。"此乃神仙家语，聊备一说。

第三节 草书

草书是汉字的一种书体，始于汉初，是为书写简便在隶书的基础上演变出来的。特点是结构简省、笔画连绵，存字之梗概，损隶之规矩，纵任奔逸，赴速急就，因草创之意，故谓之草书。

草书有章草、今草、狂草之分。

章草的笔画省变有章法可循，代表作如三国吴皇象的《急就章》。今草不拘章法，笔势流畅，代表作如东晋王羲之的《初月》《得示》等帖。狂草出现于唐代，以张旭、怀素为代表，笔势狂放不羁，成为完全脱离实用的艺术创作。

草书在东汉后期逐渐完成了由古草向今草的演化。所谓古草，包括简帛一类的篆书草写和隶书草写。篆书草写使篆书到隶书的演变得以完成，又使隶书向草书、楷书、行书的转变得以实现。隶书草写直接促成了章草的生成。章草是最为成熟的古草形态。章草书体古拙劲健、浑厚苍茫，沿用至今。今草是在古草（以章草为代表）的基础上，简化单字的笔法和结体，强化笔势、行气、篇章的气韵，连绵书写。笔势与体势的连贯，是其显著特征，并且形成一套笔法与结体的规范，以便在日常书写中用。

第四节 楷书

楷书也叫正楷、真书、正书，有楷模的意思。这种字体是从隶书逐渐演变来的，是将隶书更趋简化，字形由扁改方，笔画中简省了隶书的波势，横平竖直。

楷书出现于汉末，汉末、三国时期，隶书在书写中逐渐变波、磔而为撇、捺，产生了楷书的"侧"（点）、"掠"（长撇）、"啄"（横撇）、"趯"（直钩）等笔画，使结构上更趋严整。

东晋以后，南北分裂，书法也分为南北两派。北派楷书，带着汉隶的遗意，笔法古拙劲正，风格质朴方严，长于榜书，即所谓的魏碑。南派书法，多疏放妍妙，长于尺牍。北书刚强，南书蕴藉，各臻其妙，无分上下。

唐代的楷书，如唐代国势的兴盛局面，盛况空前，书体成熟，书家辈出。唐初的虞世南、欧阳询、褚遂良，中唐的颜真卿，晚唐的柳公权，楷书作品均为后世所重，奉为习字的楷模。

麻姑山仙坛记

唐代大历六年，颜真卿登游麻姑山，写下《麻姑山仙坛记》，全称"有唐抚州南城县麻姑山仙坛记"。这是彪炳我国书法史上的一块丰碑，是颜真卿书法的代表作。

此碑楷书，庄严雄秀，历来为人所重，是颜体代表作之一，为颜真卿62岁时的作品。此时颜真卿楷书风格已基本完善，不但结体紧结开张，一任自然，而且在笔画上，也从光亮规整向"屋漏痕"的意趣迈进。

《麻姑山仙坛记》刻成后，后人又在碑背镌刻了卫夫人、褚遂良、虞世南、欧阳询、薛稷、柳公权、李邕等人的楷书，安放在仙都观内。各郡邑名门贵族、文人墨客，以上麻姑山一睹此碑为乐事。宋代为了保护好这块碑刻，由仙都观精心收藏起来，一般不轻易示人。北宋思想家李觏登麻姑山，写有"惟恐此碑坏，收藏于大府。自非大祭时，莫教凡眼觑"的诗句，足见这块碑刻受到人们的钟爱非同一般。

1157年，南宋建昌府知军事胡舜创建鲁公祠，碑刻移到祠内保存。可惜由于时局动乱，这件书法珍品在南宋时不慎丢失，现仅存宋代的拓片。

魏碑

魏碑是指北魏时期的碑志造像等刻石文字。现存的魏碑书体都是楷书，因此有时也把这些楷书碑刻作品称为魏楷。

魏碑原本也称北碑，因在北朝中以北魏的立国时间最长，后来就用魏碑来指称包括北魏、东魏、西魏、北齐和北周在内的整个北朝的碑刻书法作品。

这些碑刻作品，主要以石碑、墓志铭、摩崖和造像题记等形式存在。其中仅龙门石窟的造像题记就有 3000 余品，而著名的则是《龙门二十品》。

墓志在南北朝时十分盛行，其中北魏的墓志铭比前代尤多，书法中带有汉隶笔法，结体方严，笔画沉着，变化多端，美不胜收。

康有为称魏碑有十美："古今之中，唯南碑与魏为可宗，可宗为何？曰有十美：一曰魄力雄强；二曰气象浑穆；三曰笔法跳跃；四曰点画峻厚；五曰意态奇逸；六曰精神飞动；七曰兴趣酣足；八曰骨法洞达；九曰结构天成；十曰血肉丰美。是十美者，唯魏碑、南碑有之。"

第五节 行书

行书是在楷书的基础上，为弥补楷书的书写速度太慢和草书的难于辨认而产生的，是介于楷书和草书之间的一种字体。行是行走的意思，因此它不像草书那样潦草，也不像楷书那样端正，实质上它是楷书的草化或草书的楷化。

楷法多于草法的叫行楷，草法多于楷法的叫行草。

行书是篆、隶、草、行、楷五种书体中最符合日常书写要求的一种书体。与楷书相比，行书简易流便；与草书相比，行书便于识读。行书沿用至今而不衰，恐怕离不开其自身的这种优势。

从人体运动规律和情感抒发的角度看，行书是除草书之外最为自然、简易和快捷的书写状态。随着历代书家群体的不断探索和积累，行书书写技巧虽然趋向复杂和精微，但总体倾向依然是自然、简易。

行书最早由何人所创？是一个有意思但不会有确切答案的问题。古代文献最早提及行书概念的，是西晋卫恒的《四体书势》，书中记载："魏初，有钟、胡二家为行书法，俱学之于（东汉）刘德昇……今盛行于世。"后世书家、理论家，大多遵从卫恒的说法。

其实，从出土的秦、汉简帛墨迹中可以看出，在东汉刘德昇之前的日常书写中，就已经有了字形形体趋方、点画简省而自然的"行书"的初始形态。况且卫恒在《四体书势》中仅明说是"学之于刘德昇",而没有确切信息证明是"刘德昇始创行书"。因此,后世传说刘德昇首创行书,缺乏有力的实证。

天下第一行书

王羲之的《兰亭序》被称为天下第一行书。《兰亭序》又称《兰亭集序》《禊帖》等。

东晋永和九年(353),王羲之与谢安等在山阴(今浙江绍兴)兰亭"修禊"。与会者皆赋诗,王羲之即兴写下了这篇优美的序文。传世法帖共 28 行 324 字,笔法、结构、章法都很完美,被视为王羲之书法成就最具代表性的作品,被历代书家推崇。

赵孟頫《阁帖跋》说:"右军王羲之总百家之功,极众体之妙。"唐太宗更是以帝王之力,确立了王羲之的书圣地位。

关于《兰亭序》的真伪,历来说法不一。清末广东顺德书家李文田于《定武〈兰亭跋〉》中断言"文尚难信,何有于字",认为晋人的书法不应脱离汉、魏隶书的樊笼,断定《兰亭序》不可能是王羲之所书,应为后人之伪作。

1965 年,郭沫若在《文物》杂志上发表了《由王谢墓志的出土论到兰亭序的真伪》一文,指出《兰亭序》不仅从书法上来讲有问题,就是从文章内容上来看也有问题,斥《兰亭序》为伪作。此后,章士钊、启功、李长路、高二适等名家都对《兰亭序》的真伪问题进行了公开论辩,这就是著名的"兰亭论辩"。

至今,由《兰亭序》引发的疑案仍然众说纷纭,难有定论。但是不论如何,《兰亭序》的书法价值,是值得肯定的。唐太宗极为推崇王羲之的书法,曾命欧阳询、冯承素、褚遂良等钩摹《兰亭序》,分赐近臣。相传真迹被殉葬于唐太宗昭陵(一说被武则天殉葬乾陵)。传世的《兰亭序》,均为临本或摹本,有定武本、神龙本等。

天下第二行书

王羲之《兰亭序》、颜真卿《祭侄文稿》、苏轼《黄州寒食诗帖》被称为"三大行书"。按时间排序,颜真卿的《祭侄文稿》名列第二,故称天下第二行书。

颜真卿《祭侄文稿》又称《祭侄季明文稿》,书于唐肃宗乾元元年(758),全文共 234 字。《祭侄文稿》是颜真卿为祭奠安史之乱中英勇就义的侄子颜季明所作。唐天宝十四年(755),安禄山反叛,颜真卿、颜杲卿讨伐叛军。次年正月,叛军攻陷常山

（今河北省正定），颜杲卿及其子季明被捕，英勇就义。乾元元年，颜真卿命人到河北寻访季明的尸骨，并挥泪写下了这篇祭文。

此帖为草稿，字迹仓促，涂抹删补之处甚多，本无意于书法，然而不求工而自工，无意于佳乃佳。此作中，颜真卿将悲愤之情流淌于笔端，充满了对亲人的哀悼和对叛贼的仇恨。

元代张敬晏跋云："以为告不如书简，书简不如起草。盖以告是官作，虽端楷，终为绳约；书简出于一时之意兴，则颇能放纵矣；而起草又出于无心，是其手心两忘，真妙见于此也。"

元代著名书法家鲜于枢跋曰："《祭侄季明文稿》，天下行书第二。"

附 录

中小学书法教育指导纲要

汉字和以汉字为载体的中国书法是中华民族的文化瑰宝，是人类文明的宝贵财富。书法教育对培养学生的书写能力、审美能力和文化品质具有重要作用。为推进中小学书法教育，传承中华民族优秀文化，特制定本纲要。

一、基本理念

中小学书法教育以语文课程中识字和写字教学为基本内容，以提高汉字书写能力为基本目标，以书写实践为基本途径，适度融入书法审美和书法文化教育。

1. 面向全体，让每一个学生写好汉字。识字写字，是学生系统接受文化教育的开端，是终身学习的基础。中小学书法教育要让每一个学生达到规范书写汉字的基本要求。

2. 硬笔与毛笔兼修，实用与审美相辅。中小学书法教育包括硬笔书写和毛笔书写教学。书法教育既要重视培养学生汉字书写的实用能力，还要渗透美感教育，发展学生的审美能力。

3. 遵循书写规范，关注个性体验。中小学书法教育要让学生掌握汉字书写的基本规范和基本要求，还要关注学生在书法练习和书法欣赏中的体验、感悟和个性化表现。

4. 加强技能训练，提高文化素养。中小学书法教育要注重基本书写技能的培养，不断提高书写水平。同时在教学活动中适当进行书法文化教育，使学生对汉字和书法的丰富内涵及文化价值有所了解，提高自身的文化素养。

二、目标与内容

（一）书法教育总体目标与内容。

1. 学习和掌握硬笔、毛笔书写汉字的基本技法，提高书写能力，养成良好的书写习惯。

2. 感受汉字和书法的魅力，陶冶性情，提高审美能力和文化品位。

3. 激发热爱汉字、学习书法的热情，珍视中华优秀传统文化，增强文化自信与爱国情感。

（二）硬笔学习的目标与内容。

1. 掌握握笔要领，书写姿势正确，不急不躁，专心致志。学习正确的运笔方法，逐步体会起笔、行笔、收笔的运笔感觉，逐步感受硬笔书写中的力度、速度变化，逐步体会铅笔、钢笔书写的特点。养成"提笔就是练字时"的习惯。懂得爱惜文具。

2. 小学低年级学习用铅笔写正楷字，掌握汉字的基本笔画、常用的偏旁部首和基本的笔顺规则；会借助习字格把握字的笔画和间架结构，书写力求规范、端正、整洁，初步感受汉字的形体美。小学中年级开始学习使用钢笔，能用钢笔熟练地书写正楷字，做到平正、匀称，力求美观，逐步提高书写速度。小学高年级，运用横线格进行成篇书写练习时，力求行款整齐、美观，有一定速度；有兴趣的学生可以尝试用硬笔学写规范、通行的行楷字。初中阶段，学写规范、通行的行楷字。高中阶段，可以学习用硬笔书写行书，力求美观。

（三）毛笔学习的目标与内容。

小学 3—4 年级

1. 掌握毛笔的执笔要领和正确的书写姿势，了解笔、墨、纸、砚等常用书写用具的常识，学会正确使用与护理。注意保持书写环境的整洁。

2. 学习用毛笔临摹楷书字帖，掌握临摹的基本方法。学会楷书基本笔画的写法，初步掌握起笔、行笔、收笔的基本方法。注意利用习字格把握字的笔画和间架结构。

3. 开始接触楷书经典碑帖，获得初步的感性认识。尝试集字练习。

小学 5—6 年级

1. 继续用毛笔写楷书。比较熟练地掌握毛笔运笔方法，能体会提按、力度、节奏等变化。借助习字格，较好地把握笔画之间、部件之间的位置关系，逐步做到笔画规范，结构匀称，端正美观。保持正确的书写姿势和良好的书写习惯。

2. 尝试临摹楷书经典碑帖，体会其书写特点，逐步提高临摹能力。在临摹或其他书写活动中，养成先动脑再动手的习惯。

3. 学习欣赏书法作品。了解条幅、斗方、楹联等常见的书法作品幅式。留意书法在社会生活中的应用。通过欣赏经典碑帖，初识篆、隶、草、楷、行五种字体，了解字体的大致演变过程，初步感受不同字体的美。

4. 有初步的书法应用意识，喜欢在学习和生活中运用自己的书写技能。

初中阶段

1. 继续用毛笔临摹楷书经典碑帖，力求准确。有兴趣的学生可以尝试学习隶书、行书等其他字体，了解篆刻常识。

2. 了解一些最具代表性的书家和作品。学习从笔画、结构、章法以及内涵等方面欣赏书法作品，初步感受书法之美，尝试与他人交流欣赏的心得体会。

3. 愿意在班级、学校、社区活动及家庭生活中积极运用自己的书写技能。

高中阶段

1. 巩固提高义务教育阶段书法学习成果，继续用毛笔临摹经典碑帖。

2. 结合语文、历史、美术、艺术等相关学科的学习，认识中国书法的丰富内涵和文化价值，提升文化修养。

3. 可以通过书法选修课深入学习，发展特长；可尝试书法作品的创作。

三、实施建议与要求

（一）教学建议与要求。

1. 合理安排书法教育的教学时间。义务教育阶段书法教育以语文课为主，也可在其他学科课程、地方和校本课程中进行。其中，小学3—6年级每周安排1课时用于毛笔字学习。普通高中可开设书法选修课。

2. 注重培养学生的书法基本功。临摹是书法学习的基本方式，临摹过程包括读帖、摹帖、临写、比对、调整等阶段。在临写的初始阶段，要充分发挥习字格在读帖和临写过程中的重要作用，引导学生观察范字的笔画、部件位置和比例关系。在临摹的过程中，养成读帖的习惯，形成"意在笔先"的意识。学生用毛笔临摹楷书经典碑帖，力求准确。部分书写水平较高的学生可尝试较准确的背临。

3. 重视养成良好的书写习惯和态度。在书法教学过程中，尤其是学习的初始阶段，教师要对学生的书写态度、书写姿势、书写用具的使用和保持书写环境整洁进行指导，严格要求。

4. 遵循书法学习循序渐进的规律。小学生初学书写首先学用铅笔，随着年龄的增长，逐步学习使用钢笔和毛笔。书法教学要以书写笔画为起点，一般应从结构简单的字到结构复杂的字，从单字练习到篇章练习，从观察例字、描红、仿影、临帖到独立书写。教师要科学、合理、系统地安排教学进程，使学生逐步掌握基本技法，不断提高书写能力。硬笔书写教学要贯穿中小学书法教育的全过程。

5. 强化书写实践。要通过课堂练习、书写作业和各学科书面作业等多种方式保证学生的书写实践活动。各学科教师要注重对学生书写实践的指导，对日常作业要有明确的书写要求。努力把练字与应用有机结合起来，避免加重学生课业负担。

6. 明确书法教学中文字的使用要求。按照《中华人民共和国国家通用语言文字法》有关规定，硬笔教学应使用规范汉字，毛笔临帖要以经典碑帖为范本。

7. 发挥教师的示范作用。各科教师都要在板书、作业批改和日常书写中发挥表率作用，成为学生认真书写的榜样。

8. 倡导多样化的教学方式方法。书法教学可采用书写实践、作业展示、欣赏评价、讨论交流等形式，激发学生学习兴趣，提高教学效率。鼓励学校、教师、学生通过互联网获取丰富的书法教育资源，加强交流，构建开放的网络书法教学平台，充分利用现代信息技术进行生动活泼的书法教学。

9. 重视课内外结合。要引导学生在生活中学书法、用书法，积极开展书法教育实践活动。通过社团活动、兴趣小组、专题讲座、比赛展览、艺术节、文化节等多种形式，创设书法学习环境和氛围。充分利用少年宫、美术馆、博物馆、名胜古迹等资源，拓展书法学习空间。有条件的地区、学校还可开展校际、地区以及国际书法教育交流活动。

鼓励学生在学习、生活中应用书法学习成果，发展实践能力。

（二）评价建议。

1．评价目的。中小学书法教育评价要发挥评价的发展性功能，旨在激励学生学习书法的兴趣，养成良好的书写习惯，提高书写水平和审美情趣。

2．评价重点。小学低、中年级的书写评价，要重视对基本笔画、结构的正确把握；关注认真的书写态度和良好书写习惯的养成。小学高年级还要关注书写的美观与流利。中学要关注书写练习的坚持和书写水平的持续提高。

3．评价方式与方法。中小学书法教育评价应结合教学需要，灵活采用多种评价方法，可以采用圈点法、批注法、示范法以及作业分析法，也可以采用展示激励、反思总结以及建立成长记录袋等方法。评价过程中要综合采用自评、他评、互评等方式。提倡在各学科考试中设置卷面分。

中小学书法教育不举行专门的考试，不开展书法等级考试。

（三）教学用书编写建议。

1．中小学书法教学用书包括学生用《书法练习指导》和教师用《书法教学指导》。教学用书的编写应该依照《义务教育语文课程标准（2022年版）》、高中语文、美术、艺术等相关课程标准和本纲要的有关要求，循序渐进地安排教学内容，设计教学活动，落实教学目标；要体现书法教育的基础性、实践性、阶段性和规范性。

2．义务教育阶段《书法练习指导》应符合学生的身心发展特点，以书写练习为主体，编入精要的书写技法指导的内容，适当融入书法审美和书法文化的内容。容量适当，难易适度，注意激发学生的学习兴趣，提高学习效率。

小学低年级《书法练习指导》的编写，要参照《义务教育语文课程标准（2022年版）》附录4"基本字表"，参考同学期语文教科书的识字、写字内容，以硬笔书写的范例和书写练习为主体，适当编入精要的书写姿势和书写习惯的指导内容。

小学中、高年级《书法练习指导》的编写，以硬笔楷书、行楷和毛笔楷书为主体，重视书写练习，适当编入精要的书写姿势、书写习惯、书写技法的指导内容，适当融入书法审美和书法文化的内容。

初中《书法练习指导》的编写，以硬笔行楷字书写练习和毛笔楷书经典碑帖临摹为主体，适当编入精要的书写技法指导内容，适当融入书法审美和书法文化的内容。

高中阶段可以按照相关课程标准要求编写书法选修教材。

3．教师用《书法教学指导》可分学段编写，在教学内容、教学方法、书法文化和书法欣赏等方面为书法教师提供典范资料和方法指导。

义务教育语文课程标准

（2022 年版）识字与写字部分

第一学段（1—2 年级）

1. 喜欢学习汉字，有主动识字、写字的愿望。认识常用汉字 1600 个左右，其中 800 个左右会写。

2. 学会汉语拼音。能读准声母、韵母、声调和整体认读音节。能准确地拼读音节，正确书写声母、韵母和音节。认识大写字母，熟记《汉语拼音字母表》。

3. 掌握汉字的基本笔画和常用的偏旁部首，能按笔顺规则用硬笔写字，注意间架结构。初步感受汉字的形体美。努力养成良好的写字习惯，写字姿势正确，书写规范、端正、整洁。

4. 学习独立识字。能借助汉语拼音认读汉字，学会用音序检字法和部首检字法查字典。

第二学段（3—4 年级）

1. 对学习汉字有浓厚的兴趣，养成主动识字的习惯。累计认识常用汉字 2500 个左右，其中 1600 个左右会写。有初步的独立识字能力。会运用音序检字法和部首检字法查字典、词典。

2. 写字姿势正确，养成良好的书写习惯。能用硬笔熟练地书写正楷字，做到规范、端正、整洁。用毛笔临摹正楷字帖，感受汉字的书写特点和形体美。

3. 能感知常用汉字形、音、义之间的联系，初步建立汉字与生活中事物、行为的联系，初步感受汉字的文化内涵。

第三学段（5—6 年级）

1. 有较强的独立识字能力。累计认识常用汉字 3000 个左右，其中 2500 个会写。感受汉字的构字组词特点，体会汉字蕴含的智慧。

2. 写字姿势正确，有良好的书写习惯。硬笔书写楷书，行款整齐，力求美观，有一定速度。能用毛笔书写楷书，在书写中体会汉字的优美。

第四学段（7—9 年级）

1. 能熟练地使用字典、词典独立识字，会用多种检字方法。累计认识常用汉字 3500 个左右。

2. 写字姿势正确，保持良好的书写习惯。在使用硬笔熟练地书写正楷字的基础上，学写规范、通用的行楷字，提高书写的速度。临摹、欣赏名家书法，体会书法的审美价值。